历史的丰碑

丛书

文学艺术家卷

国画大师
齐白石

王树波 李秀珍 编著

吉林人民出版社

图书在版编目(CIP)数据

国画大师——齐白石 / 王树波，李秀珍编著 . -- 长春：吉林人民出版社，2011.4（2025.4 重印）

（历史的丰碑丛书）

ISBN 978-7-206-07631-2

Ⅰ.①国… Ⅱ.①王… ②李… Ⅲ.①齐白石（1864～1957）－生平事迹－青年读物②齐白石（1864～1957）－生平事迹－少年读物 Ⅳ.① K825.72-49

中国版本图书馆 CIP 数据核字 (2011) 第 037454 号

国画大师 齐白石

GUOHUA DASHI QIBAISHI

编　著：王树波　李秀珍
责任编辑：孙　一　　　　封面设计：孙浩瀚
制　作：吉林人民出版社图文设计印务中心
吉林人民出版社出版 发行（长春市人民大街7548号　邮政编码：130022）
印　刷：北京一鑫印务有限责任公司
开　本：787mm×1092mm　1/16
印　张：8　　　　字　数：72千字
标准书号：ISBN 978-7-206-07631-2
版　次：2011年4月第1版　　印　次：2025年4月第3次印刷
定　价：35.00 元

如发现印装质量问题，影响阅读，请与出版社联系调换。

编者的话

"欲知大道，必先为史"。

回溯人类的足迹，人们首先看到的总是那些在其各自背景和时点上标志着社会高度和进步里程的伟大人物。他们是历史的丰碑，是后世之鉴。

黑格尔说："无疑，一个时代的杰出个人是特性，一般说来，就反映了这个时代的总的精神。"普希金说："跟随伟大人物的思想是一门引人入胜的科学。"

以史为鉴，面向未来。作为21世纪的继往开来者，我们觉得，在知史基础上具有宽广的知识结构、开阔的胸襟和敏锐的洞察力应是首要的素质要求，而在历史的大背景中追寻丰碑人物的思想、风范和足迹，应是知史的捷径。

考虑到现代人时间的宝贵，我们期盼以尽量精短的篇幅容纳尽量丰富的信息，展现尽量宏大的历史画卷和历史规律。为此，我们编撰了这套丛书。

编撰丛书的过程，也是纵览历代风云、伴随伟人心路、吸收历史营养的过程。沉心于书页，我们随处感受着各历史时期伟大人物所体现的推动历史进步的人类征服力量。我们随着伟人命运及事业的坎坷与辉煌而悲喜，为他们思想的深邃精湛、行为的大气脱俗而会意感慨、拍案叫绝。

然而，在思想开始远游和精神获得享受的同时，我们也随之感受到历史脚步的沉重和历史过程的曲折。社会每前进一步都是艰难的，都伴随着巨大的痛苦和付出。历史的伟大在于它最终走向进步，最终在血污中诞生了鲜活的"婴孩"。

历史有继承性和局限性，不能凭空创造。伟人也有血肉，他们的思想、行为因此注定了同样具有历史的局限性和阶级的、时代的烙印；他们的功业建立于千千万万广大人民群众伟大创造的基础上。历史是人民群众创造的，伟大的人物们是历史和时代造就的。同时，我们也无法否定此间他们个人的努力。这也正是我们编撰这套丛书的目的。

我们期盼着这套丛书得到社会的认同，对读者，特别是青少年读者之历史感、成就感和使命感的培养有所裨益。史海浩瀚，群

星璀璨。我们以对广大青少年读者负责的精
神，精心遴选，以助力青少年成长进步，集
结出版了《历史的丰碑》系列丛书，敬请读
者批评、指正。

历史的丰碑丛书

编 委 会

策　划：胡维革　吴铁光

　　　　林　巍　冯子龙

主　编：胡维革　邢万生

副主编：贾淑文　谷艳秋

编　委：（按姓氏笔画为序）

　　　　于二辉　刘士琳

　　　　刘文辉　孙建军

　　　　李艳萍　吴兰萍

　　　　杨九屹　隋　军

"为石虫写照，为百鸟传神"的艺术巨匠齐白石，在中国画坛辛勤耕耘了八十余年，从他数以千计的作品中，人们自然能读出大师的经历、品格，感受到艺术的生命气息，触摸到时代的脉搏。

　　著名的"似与不似"论，是大师艺术实践的光辉结晶，也是他对绘画理论的独特贡献："太似为媚俗，不似为欺世"，妙在"似与不似之间"。白石大师尊重对象，又不为对象所束缚，他突出对象的主要特征，并加以夸张，以神形俱化，既精微地展示了对象，又自由地表现了艺术家自己。

　　人们知道，白石大师不肯作信手挥洒的笔墨游戏，也极少当众挥毫，"衰年变法"后的白石所画的小生灵魅力感人、美轮美奂，有人说，那力透纸背的实在是他对生命恋恋不舍的爱，诚如川端康成所云："一切艺术的奥秘就在这只'临终的眼'。"读者尽可以从这本小书里去搜寻、体味白石老人那奇特的眼光，奇特的眼神！

目 录

历史的丰碑丛书

聪慧的童年

成功常常属于最有力量者。

——伏尔泰

　　清同治二年（癸亥）十一月二十二日（即公元1864年1月1日），湖南省湘潭县杏子坞星斗塘畔的山水间，齐白石降临人世。

　　杏子坞——星斗塘——白石铺，是白石老人在诗文画稿中经常出现的。其实，这一带的地理环境并不是大自然的杰作。白石铺，也仅仅是由湘潭到衡山路上的一个小小的驿站，居住着二三十户人家。杏子坞，位于白石铺北面一里多路。它原名叫殿子树，又称杏子树，是个群山环抱的大垅（小盆地），垅内有水田七八百亩，呈葫芦形。作为大地名，包括星斗塘在内的周围几十户人家，作为小地名，则是当地一户开药铺的周氏住宅。而见于题画、形之诗篇的则是白石老人改称的杏子坞。由杏子坞东行，走不多远，便会看到一座竹林掩映的茅屋。同湘潭常见的农家住宅一样，正屋是用土砖建筑的"一颗印"式的三开间，两边是披厦，屋后搭有一间没有门窗的"敞"。茅屋门前，有一块宽不到10尺，长不足3丈的晒谷场，乡下叫"禾坪"。茅屋南端，是一片茂盛的小麻园。隔麻

← 齐白石

园十几步，有一口面积约三四亩大的清水塘。相传早年天空有陨星坠落塘内，故得名"星斗塘"。

在塘边茅屋里居住的，便是靠农耕生活的齐白石一家。祖父、祖母、父亲、母亲，一共5口人。一亩"麻子丘"水田不能养活全家，祖父齐十爷和父亲齐以德砍柴、"卖零工"养生糊口。

齐白石的母亲是一位伟大的女性。她精明能干，敢爱人也敢恨人。在家里，对50多岁的公公婆婆，哪怕是喝南瓜粥，总是长辈在先，自己在后。一家人的破烂衣服，由她浆洗补衲，也弄得青是青、白是白。说起当家，她是最有办法的人。她常说："有志不怕

贫，穷日子靠自己。"从齐家的处境和她的为人来看，她可以称得上是一位特别了不起的母亲了。穷，穷得有骨气；爱，爱得有教养。先天的遗传把她本身所具有的一切良好的品质——正直、刚强而又勤劳吃苦不低头的个性，赋予了齐白石。母爱是伟大的，她的言传身教也深深地熏陶了齐白石作为艺术家的高尚的艺术情操。那就是"穷且益坚"。就是这样，齐白石在母亲的教育中，养成了卑视剥削、卑视旧社会的官僚、卑视那些不劳而获的人的倔强性格。

齐白石15岁以前是一位地地道道的小农夫。俗话说：穷人的孩子早当家。家贫使他过早地承担起了养家糊口的重担，过着日出而作、日落而息的农夫生活。

　　齐白石的母亲有着十分朴素的意识，她认为一个农民最首要的是要做一个好掌作（种地把式）。所以，不论晒谷、扯草、还是锄园、收菜，她总带着齐白石，从小就培养他的劳动意识。她觉得，孩子就像一棵小树苗，长大后做大梁，还是做檩条，要量材而用。但不管将来干什么，从小就得修枝打叉，严加管教。于是，在齐家农田里，便增添了一个勤快瘦弱的小劳力。刚开始下田，父亲教他做些打草皮、沤肥和插秧之类简单的农活，见他学得很快，接着又教他扶犁掌耙等复杂、费力气的活计。尽管他学得十分认真，但由于年小力单，总是驾驭不了那笨重的木犁。特别是那头可恨的水牛，也学会了"看人下菜碟"。父亲掌犁时，小声说个"驾"字，轻轻一招呼，它就像听到了响雷，尾巴一夹，低头乖乖地拉；齐白石使唤它时，喊破嗓子，它却充耳不闻，不是摇头摆尾，就是拉屎撒尿，再不就是趁齐白石不注意，拉着犁猛地就跑，使他措手不及。齐白石多次失败，多次练习。对其他农活亦是如此，直到最后完全掌握、熟悉。因此，凡属庄稼人的本分，齐白石无所不能。同时，常年的风吹日晒雨淋也很好地锻炼了他的意志。

　　起初，祖父和母亲一样，只指望齐白石做一个"好掌作"，要求他扶犁掌耙，插田打禾，样样拿得起，

放得下。但后来却发现，这孩子聪明得很，于是他们心动了：要是孩子将来读书有出息，混个一官半职，也可以改换门庭、光宗耀祖了。即使不能如此，孩子能过上略高于自己这一代人的生活也是好的。

数九寒冬，正值农闲时节，一家人在灶屋里烤火。齐十爷拿起禾棒，在柴灰上一笔一画，教孙子写字。他没有从笔画最简单的"一二三……"教起，一开头，就教"芒"字。他写好后，对孙子说："你叫'阿芒'，这就是'阿芒'的'芒'字。"阿芒睁着大眼睛认真地看着。祖父把着他的手重复一遍，再重复一遍，又重复一遍。阿芒端端正正地写下了"阿芒"两个字。

老人兴奋了，高高地把孩子举过头顶。他仿佛看到了希望，看到了美好的未来。

"孩子，你要好好识字啊！不识字要吃苦头呀！"

"为什么不识字就会吃苦头呢？"

白石疑惑地望着爷爷，不解地问。

齐十爷望着白石询问的目光，缓慢而又沉重地讲了一个故事：从前，有一个老实巴交的种田人，家里穷得叮当响，一个字也不识。有一次，他到财主家去借粮，将一亩荒地做了抵押。可财主根本看不上那荒地，倒是看上了那两间破房的基地。订契约的那一天，财主连房基地也写上了。那种田人不识字，看不懂，

和平

池上先生属
中日友谊永远
白石

稀里糊涂画了押。过了一年，期限到了，财主要债，种田人还不起，财主就拿出那契约，要占荒地和基地。种田人说，那时只是一亩荒地，哪有房基地？财主拿出契约念给他听，说种田人赖账，毒打了他一顿，并把他从家里赶了出来。种田人急得要死，跑到衙门去告状，哪知天下乌鸦一般黑，官老爷不分青红皂白，又把农民打了一顿。种田人走投无路，最后投江死了。

在旧社会，像这样的事情时有发生。它给人们一个教训：不识字是不行的。齐十爷看到白石有这样好的天赋，下决心要让他识字。一有空，他便坐下来，让孙子倚在怀里，手把手地教孙子识字。齐白石自幼勤奋好学，虽然没有笔和纸，他还是学得津津有味。他学着爷爷的样子，拿铁钳在柴灰上画字。无论寒暑，不分晴雨，勤学苦练。到4岁时，已掌握了爷爷教会的300多个字，能念、能写、能用。

看着孙子这样好学，齐十爷既高兴又担忧。他常常对着孙子唉声叹气。母亲知道公公是因为孙子没有钱上学而焦急。她深深理解老人的心情，宽慰地说："儿媳今年推草，推下来的谷子积了4斗，存在烟墩岭一个银匠陈师傅家。原先打算再积多一点，跟他们换支银钗戴的。银钗我不要了，把4斗谷子取回来，买些纸笔书本，让阿芝上学。明年我阿爹要在枫林亭坐馆，阿芒跟外公读书，学费当然是免了的。我想阿芒早上去，晚上回，午间带饭去。这点钱虽不多，但够他读一年的书，让他多识几个字，将来记记账，写个条儿，就不费什么劲了。"

齐十爷同意了，他私下里曾几次想过白石上学的问题，但一接触到具体的学费问题，便一筹莫展，愁肠百结。听了儿媳的话，他一直紧绷着的眉头终于舒展开了，仿佛乌云中亮起了一道闪电，他对孩子的前程又重新充满了希望。

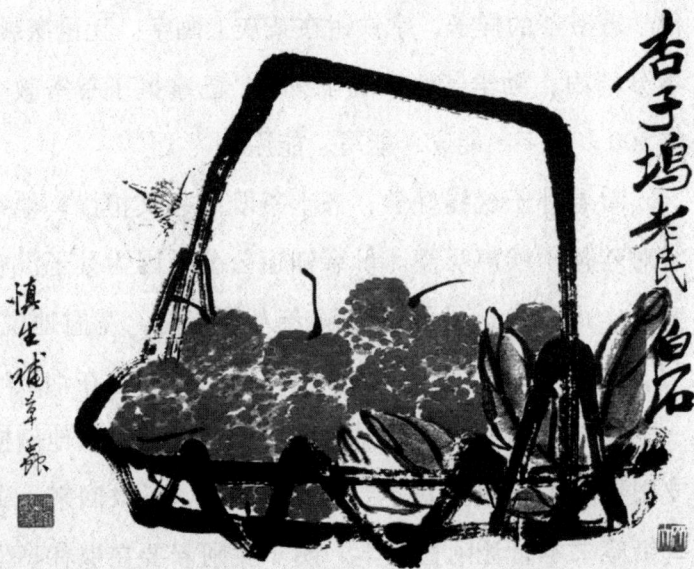

上学与失学

所有的伟人都是从艰苦中脱颖而出的。

——爱默生

　　1870年，为了孙子和周围的所有孩子，热心的齐十爷邀了一个先生在枫林亭设了一个书馆。枫林亭位于白石铺北边山坳上。这里是著名的五岳之一——南岳衡山山脉的一部分。衡山逶迤数百里，七十二群峰，从南到北，像一座巨大的画屏，横卧在苍茫的云海之中。枫林书馆就坐落在这山明水秀的衡山怀抱之中的王爷殿里。

　　枫林书馆的老师叫周雨若，是齐白石的外祖父。这是一个满腹经纶却又报国无门的儒生，他得知齐白石的情况后，欣然应邀到枫林书馆教书，并愿意教育周围的孩子们。

　　过了元宵节，齐白石起了一个大早。昨晚一夜他就没有睡好觉，翻来覆去老想着明天上学的事。妈妈从外公那里回来告诉了他上学的消息后，这几天他一直沉浸在欢乐之中，他到底能上学了，和有钱人家的孩子一样能上学了。

吃过早饭，穿上妈妈刚刚赶制出来的新棉袄；由爷爷陪送，齐白石踏上了去枫林书馆的路。村子里，一群群要好的小伙伴都来给他送行。看他提着书包过来，都用羡慕的目光看着他。齐白石的心情很复杂，离开往日亲密无间的同伴，心里毕竟有些依依不舍。同时他又有一种不平之感，他不能理解为什么穷孩子不能上学。自己家里也很穷，若没有外公坐馆，不也和他们一样吗？

同样，齐十爷的心情也颇不平静。齐家由江苏迁到这个地方时，据说是在明代，到如今已生衍繁育了好几代人了。可这个家族中竟没有一个人上过学。齐十爷曾经梦寐以求地希望齐家的后代能上学，多识一些字，多读一点书，比老一代强。今天，这些深盼心底很久的企望都已变成了现实，他

确确实实是在送孙子去上学，他怎能不激动？他的孙子居然同乡里许多有名望的人的子弟一起跨进了学馆的门，他陡然觉得自己底气也足了几分。

齐十爷紧紧牵住白石的手，爷孙俩大步小步地往前赶，三里多路，一会儿就到了。进了山门，沿着一级级石板砌的台阶，走向王爷庙。

进了天井，周雨若老远便迎了出来。室内简朴、整洁，靠正墙的一张八仙桌上，供着孔圣人的牌位，前面有一个香炉。房子的左边摆着一张床。临窗一张硬木的桌子上，整齐地堆放着笔、纸、墨、砚之类。书室左边对面的书架上，摆满了各种各类的书。右边的墙上挂着一幅石涛的山水画，和一幅用苍劲的草书体写着"淡泊明志、宁静致远"的条幅。右边进门处，两把藤椅，中间一张茶几。茶几上方挂着一幅条幅，装裱得十分精美，上面写着"一代师表"几个大字。

白石在外公的指点下，点了三炷香，端端正正地插在香炉上。接着，在孔圣人的牌位前，拜了三拜。然后，转过身子，对着周雨若也拜了三拜。

拜过孔夫子，拜过老师之后，齐白石就算正式上学了，周雨若取过一本《包友杂字》递给他，教他读书。"发蒙"就这样开始了。齐白石很快适应了这里的学习和生活。不久，他因自己有铁钳画字的基础，加上记忆力强，竟以异乎寻常的速度，念完了一本《包友杂字》。随后，又读了一本《增广昔时贤文》。接着，再读《三字经》《百家姓》。他反应之快、悟性之聪慧，出乎周雨若的意料。

读完了几本"发蒙"必读的书，接着就是用毛笔写字。第一次磨着自己的"寸金"墨，拿起自己的羊毫，蘸好墨，一笔一笔照着外祖父的笔迹蒙着竹纸写字，在齐白石幼小的心灵上，除了一肚子兴奋，矜持自然是免不了的。齐白石第一次影写好"一去二三里，烟村四五家，楼台六七座，八九十枝花。"那首嵌着数字的五言绝句，歪歪斜斜地写上自己的名字——齐纯芝。这就是艺术巨匠齐白石接触笔砚、接触诗歌的开始。这是多么具有历史意义的开始啊！在艺术家的记忆里，这个开始乃是同治九年的花朝节。

几个月过去了，齐白石不但学会了一般人需要一年才能学完的课程，还超过了一年以前入馆的学生的水平。

然而好景不长。由于年景不好，齐白石家租的几亩地连种子都收不回来。齐白石的弟弟刚出生几个月，家里就好几次揭不开锅了。这样，齐白石只上了短短半年的学，就被迫中途辍学了。当妈妈委婉地把这个不得已的决定告诉他时，齐白石做梦也没想到刚刚得

到的竟然这么快又失去了。他哇哇地大哭了一场。

热闹的、美好的书馆生活就这样结束了。所有的一切好像还浮现在眼前,他是多么地依恋和痛苦,但一切都是无法挽回了。他体谅爸爸、妈妈的处境。家里又增加了一个弟弟,地里收成不好,体衰年老的祖父和爸爸不得不到外面去打短工;妈妈、祖母里里外外,操持这个家,累得喘不过气,直不起腰。他感到自己长大了,应该干些活,分担家里的负担和忧愁。尽管他自己内心痛苦极了,但不能为难家人。他安慰母亲说:"妈妈,你不用难过了,不上学也好,家里正缺少人手,我可以帮家里干活。"妈妈见孩子这样懂事,泪水止不住地又一次流了下来。

齐白石去和外公告别了。从家里到枫林书馆只有3里路，可是今天走起来好像特别遥远。见到外公，齐白石一头扑进他的怀里。他确实不想离开自己的启蒙老师。周雨若拉着齐白石的手，心里也不是个滋味。他做了一辈子教师，看到过许许多多的孩子因家庭贫困失去了受教育的机会和权利。如今又有一个勤奋好学的孩子走上了失学的路，他满怀悲愤和同情，可又心有余而力不足。

"阿芝，人穷志不短。人生在世要有骨气，有志向。不在学堂，靠着自学而成就一番事业的，历史上有的是。"周雨若爱抚地摩挲着齐白石的头，安慰地说。临走的时候，他又从书架上，拿出一本发黄的线装书，送给齐白石。"这是一部《论语》。古人云，半部《论语》治天下。这书中的精辟见解是十分宝贵的。如果你有信心、有兴趣，就拿去慢慢地读吧。"

周雨若一直送齐白石出了山门。他站在台阶上，一直目送白石那瘦小的身影融入山坳。他长叹一声，流下了心痛的泪。

齐白石一生中唯一的、极为短暂而难以忘怀的读书生活，就这样结束了。

然而，他是一个自尊心、自信心很强的孩子。在短短的时间里，他能很快地从痛苦与迷惘之中摆脱出

来，恢复了心理上的平衡。

生在那样贫困的家庭里，不上学，就得做点事。从这一年起到1877年（光绪三年）止，齐白石承担了家庭中力所能及的劳动。起先是他单枪匹马，后来带着弟弟纯松一起担当了浇菜、挑水、砍柴等好几桩事。

齐白石生性耿直，特别憎恨以大欺小、以强凌弱的不平事。有一次，他上山砍柴，和小伙伴们一起玩"打叉"的游戏。3个小孩把捆好的柴放在空场上，各自把挑柴的"扦担"集中，然后，三足鼎立，"扦担"的一端立在地上，一端靠在一起。这就是"叉"。架好"叉"，互相估量本事（包括眼法和手法），确定距离，划一道线。站在线外轮着打。他们各自瞄准，用"弯刀"一掷，以掷中并打倒了"叉"的为赢，赢了就可以得到别人捆好的柴，输了就把柴送给别人。3个人打"叉"，都有一个命中的机会，如果3人齐中，算是没有胜负，二人命中，分那个输了的人的柴，一人独中，得两捆柴，刚好一担。这样的游戏自然谁也没有百发百中的本事，齐白石有时赢，有时也输。这一次，本来是他赢了，理应得柴，却碰上一个比他年纪大又不认账的孩子。两人吵了起来，对方不讲理，最后动了拳头，而齐白石也不客气地用拳头回敬了对方。后来，父亲闻声而至，制止了打架，一口一声骂他不争气。

齐白石倔强地说:"有理,我就不怕!"

　　除了这些,齐白石还要看牛,在看牛的同时拾捡畜粪。就是在这繁重的农业劳动中,齐白石也没有丢下书本。失学并不等于再不和书本见面,他认为外公讲的道理是对的。读书不只是在学馆里,在什么地方都可以学习、都应该学习。齐白石十分勤奋地利用了时间,趁着看牛的余暇,趁着歇田的间隙,他读自己心爱的书本。"牛角挂书牛背睡",他一字一句温习旧书,觅取新知。凭着自己过去在枫林书馆读《千家诗》《百家姓》的半年的基础,他开始攻读《论语》,居然能理解文中内容的十之七八。不过,遇到典故之类,那就难了。他就标上记号,积累起来,到一定时候再去请教外公。

　　一次,齐白石上山砍柴。他觉得上午精神好,于是便想先看看书、练练字再说。他靠在

山坡上的一棵百年老松树下，乘着明丽的春光、习习的凉风，拿出《论语》，在地上边划边读起来。谁知读着读着，忘了吃午饭，忘了砍柴。抬头一看，太阳已经落山了，这才想起今天一点柴也没砍。他怕天黑了祖母担心，于是就空着手跑回了家。

"今天忘了砍柴。"他内疚地低着头，站在祖母面前。

"忘了，你干什么了？"祖母生气了，忍不住责备了一句。

齐白石知道祖母的心情，后悔自己不该读书入了迷，误了时间，伤了祖母的心。

晚饭后，齐白石点上了灯，取出笔、砚，又开始默写《论语》。

祖母一肚子的话终于憋不住了：

"阿芝，你天天嘴里'子曰''子曰'地念个没完，手里一横一竖地写来写去。俗话说，三日风，四日雨，哪见文章锅里煮？要是明天没米下锅，你说怎么办？唉，可惜你生错了人家。"

说着，她扯起了衣角，不断地拭着泪。

"你命苦，才读了半年书，就停了。你爷爷爸爸看你聪明好学，小小年纪又上不了学，心里怪不好受的，几天里不说话。你要懂得我们的心。"她叹了一口气，

"不是不让你看书，家里实在穷，你爸爸、爷爷地里活忙不过来，又要出去打短工，只有靠你干些事。其实，奶奶怎会不让你读书呢？……"她说不下去了，多皱的、饱经沧桑的脸上，热泪纵横。

齐白石也在默默地流着泪。他不知怎样安慰奶奶才好。他暗暗地下决心，不能使祖母几乎被沉重的生活压碎了的心再受到伤害了。从此，他总是先干完活，再埋头苦读。

终于，一日有闲，齐白石又去请教外公了。他小心翼翼地翻开书，走到周雨若面前，恭恭敬敬地问道："《颜渊篇》上有一句：'百姓足，君孰与不足；百姓不足，君孰与足。'可是现在的情况不是这样。我看老百姓穷得吃不上饭、穿不上衣、住不上屋。当官的，却吃得好、住得好、穿得好，这不是有悖于孔老夫子的圣教吗？"

周雨若心下一惊，暗暗称奇。他万万没想到仅短短几个月，齐白石竟学习得这样好，钻研得这样深，提出了这样一个严肃的、尖锐的、触及社会制度的深刻问题。他没有马上作答，而是走到孔夫子像前，深深地叹了一口气："有悖于圣教的事多了，不然国家何至于此？"

"官吏不都是孔门的弟子吗？圣人的说教为什么弟

子不照着去做？"齐白石又追问一句。

"孔门的叛逆多得很！宋季以下，讲儒学，从朱熹开始。不过，这些人表面上俨然正人君子，背地里男盗女娼，横行乡里，欺压百姓，残害朋比，中饱私囊，哪一件不是孔门的嫡传干的！可是，又都打着圣贤的牌子去治人。"

周雨若激愤了，他目光如炬，对着齐白石又说："书不可不读，读了要深明大义，要正直。读了书，去残害百姓，不如不读书。"

这位老儒生心中的块垒积郁得太久了，今日他欲一吐为快。齐白石静静地听着，他被深深地震撼了，从外公这里，他懂得了读书人应该具备什么样的德行和品质。

看外公平静下来，齐白石要告辞了。他拿出借的那本《论

→齐白石故居

语》说："外公，这一本还你，我自己抄了一本。"

"什么，你抄了一本，快拿来我看看。"惊讶地看着那本手抄的、装订得端端正正的《论语》，周雨若高兴地说："字写得大有长进呀，一直在练吗?"

"是呀，天天练。有空时，就写几页。上山放牛、打柴，在田里干农活，就在地上写。"

周雨若赞许地点点头："太好了，学习就要持之以恒，积以时日，大有进益。"

齐白石又从外公这里得到了鼓舞，得到了新的力量。

到了掌灯时分，齐白石回到了家。今天他十分高兴。外公不但回答了他许多学习上的疑难问题，而且教给了他许多做人的道理。

晚饭后，他同往常一样，取出本子，就着豆大的草油灯光，开始看书，写字了。自从辍学以后，他一天也没有中断过。

祖父很疼爱他，匀了几个铜板，又给他购买了大字本子、笔和墨。

齐白石经过了学习上的这次变故，更懂事了。他知道本子来之不易，这都是长辈们的血汗换来的。写大字时，精心地一笔一画地写，从不马虎。

为了节省大字本，他想了一个办法，上山采集了

一些红土，制成红墨汁，先在纸上写一遍红色的大字，第二遍才用黑墨汁写。然后，又将本子翻过来，在反面上又写一遍。这样，一个本子可以当三个本子用。

　　他虽然还是个孩子，但已知道了生活是多么的艰难、勤俭是多么的宝贵。

相关链接

XIANGGUAN LIANJIE

免费送你只虾

早年齐白石卖画，为方便起见，以数量计算，如画青菜、瓜果、鸡鸭鱼虾，画上有若干，就以若干钱计算。有人要画一幅以虾子为题材的画。齐白石画完，即以画上有几只虾，按只收钱。那人看了画，以菜市场买菜的常例，要求多添一只虾子。齐白石心中不悦，但还是拿了笔，在画上给他添了只虾。

那人看画，发现这只虾画得像是走了样，了无生气，不由得有点奇怪。

齐白石说："你要添的这只虾子，是不在价钱以内的，所以替你画了只死虾，算是免费附送。"

通身蔬笋气

齐白石喜欢画白菜，也画得好。

齐白石把白菜推许为菜中之王，他以白菜肥大、嫩白、脆绿的特点入画，画出的白菜新鲜水灵、生机盎然。齐白石常称自己"通身蔬笋气"，他出身农家，画白菜，画好白菜，在他看来是极自然的事。

有位画家私下里学齐白石，也画白菜，可画得总不像，他最后忍不住去问齐白石，画白菜有什么诀窍？齐白石哈哈一笑："你通身无一点蔬笋气，怎么能画得和我一样呢？"

题诗不倒翁

1937年，日本侵略军占领北平，齐白石为防敌伪方的利用，坚持闭门不出，并在家门口贴出告示，上书："中外官长要买白石之画者，用代表人可矣，不必亲驾到门，从来官不入民家，官入民家，主人不利，谨此告知，恕不接见。"一个汉奸托人求画，齐白石画了一个涂着白鼻子、头戴乌纱帽的不倒翁，还题了一首诗："乌纱白扇俨然官，不倒原来泥半团，将汝忽然来打破，浑身何处有心肝？"

初萌画趣

所谓人生就是一场梦，唯有贤明的
人才能做出美梦。

——席勒

　　齐白石的家乡星斗塘一带是一个山清水秀的好地方。这里虽然没有黄山的云海、匡庐的劲松，也没有漓江的烟雨、阳朔的秀峰，但在幼年的齐白石看来，却是一个看不够、玩不厌的人间乐园。

　　阳春三月，呢喃的紫燕用剪刀似的长尾给大地裁出绿衣。齐白石拎着竹篮、铁铲，踩着没脚的浅草去挖野菜了。路边地头、沟沟坎坎，撒满了他从祖母口中学来的民歌童谣。夏天的星斗塘，更是他和小伙伴们眼中的明珠。傍晚时分，塘里的荷花，绽开一簇簇红色的、粉色的、白色的花瓣，屹立于青萍碧叶之上，摇曳在霞光水色之中，仿佛是一群少女，守着一个彩色的梦。一阵清风拂过，偶尔有几片花瓣飘落，引逗得鱼虾追逐，翠鸟啁鸣。这时候，放牧归来的齐白石，吹着柳笛，甩着长鞭，让牛儿到塘边饮水。然后便和

小伙伴们像一群黑得发亮的丑小鸭"扑扑通通"地跳进塘里，小脑袋朝水中一扎，小脚丫往上一翘，尽情地捉鱼摸虾。秋天，在多愁善感的文人笔下，是那样惨白、凄清，而在齐白石眼里，它依旧是一幅五彩缤纷的图画。瞧吧！星斗塘里，残荷不残，芙蓉虽落，代之以结实的莲子，交错纵横的莲梗，与累累硕果点头倾谈，像是在歌唱秋天的热烈充实；那漫山遍野的野花，把秋天打扮得更丰美娇艳。它们有的像夜空中闪烁的星星，有的似阳光下撑开的彩伞；野菊花抖落着黄金，炫耀着自己的富有，牵牛花吹奏着透明的喇叭，显示自己的歌喉。野花就像山里的孩子一样，不择土壤，不畏风雨，也不问是否有人关注，只是按照自己对生活的理解和追求，默默度着平凡而

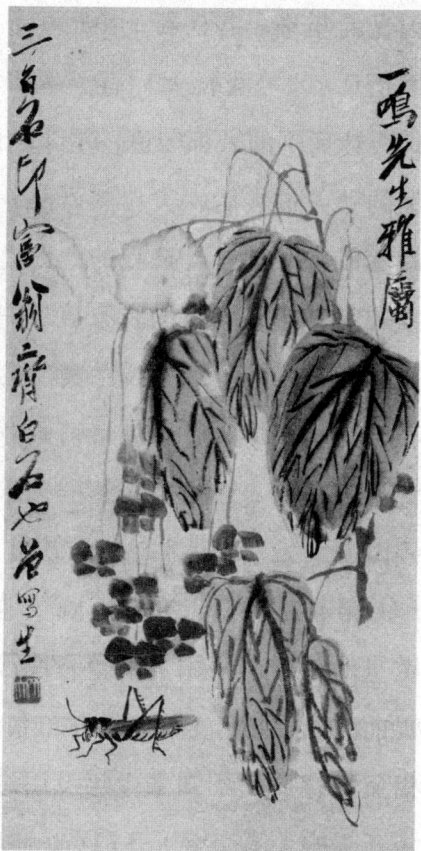

闪光的年华。齐白石上山放牛、砍柴，常常和山花说悄悄话："等我长大，有了本事，一定把你们都画出来，让天下的人都知道，星斗塘的花最香、最美。"喧闹的秋天过去后，大自然俨似一位丰腴的美人，骤然间变成一个消瘦、孤寂的老太婆。不过，对于每天需要和大自然打交道的农家孩子们来说，冷寂中同样会觅到无限乐趣。有人说：美丽的环境能够孕育美丽的心灵。星斗塘一带充满诗情画意的田园风光从小便培育了齐白石一颗敏感多情的艺术之心。他热爱故乡的一山一水、一草一木，所以常常见于题画，形于诗歌。

最初，齐白石在地上画。他在放牛或在田间地头歇息的时候，便用手平整一块沙土，用竹枝木棒照着眼前的景物画。上学后，描红练字是书馆学生的主课。祖父把存放了不知多少年没用过的砚台、半截墨和一枝新买的毛笔交给了齐白石，他非常高兴。

齐白石对描红觉得很新鲜、很喜欢，因为他很早就喜欢画画，可从来还没有用笔在纸上画过。从这时起，他描完了红，总是要画一两张画。

他画画，先是画人。他对着前面座位上的同学，看一看，描一描。先画圆圆的头，然后画耳朵、鼻子、眼睛、嘴，慢慢地加上手、脚、衣服，谁也弄不清他画的是谁，但是都看出他画的是人。

一天放学回来，齐白石被一位小女孩拦住了。原来小女孩的妈妈要生产了，按当地的风俗，谁家生孩子总要贴上雷公的像，保佑孩子将来长寿、平安。眼看孩子要生下来了，小女孩的奶奶却急了，原来一家人忙三火四地竟然忘了找人画像。小女孩情急之中，一下子想到了齐白石，她早就听说了齐白石酷爱绘画的美名。

齐白石听小姑娘说完，却被难住了。自己虽然常画画，但大多都是乱涂乱抹，没有一点章法。这样的手艺是绝对拿不出去的，他看了看小女孩，小女孩也正在用乞求和充满希望的目光看着他。齐白石挠了挠脑袋，从不服输的倔强天性促使他很干脆地答应了。

齐白石对雷公像并不陌生，村旁的王爷殿里就有，他曾跑去看过多次，但要真画起来，他心里可真是没底。

齐白石在想着办法，旁边的一位小朋友提醒了他：照着别人家门上的像照画一张不就行了吗？对！齐白石带领一群小伙伴，飞快地跑到村西头一个同学的家门口，门上正贴着一张崭新的雷公像。这张画画得很好，因为刚贴上不久也很清晰。浅黄色的纸上，用朱砂勾勒出雷公神狰狞的面目，那两只眼睛很圆很大，大约占去面部的咧着的大嘴，露出了几个牙齿；嘴边的胡须向四周翘起；满身披甲，赤着脚；两手提着铜铃，威风得很。

齐白石被这神像深深地吸引住了，他目不转睛地看着，几乎忘记了一切。他席地而坐，忙着把纸铺在地上，对着那门上的雷公像，一笔一画地、精心地画了起来。

过了好一会儿，终于画完了，但是仔细一看，却画得不像。齐白石皱了皱眉头，冲着神像思索了好一会儿，他发现了一个最合适的视角。

有人很快搬来了凳子，齐白石站到凳子上，把纸紧紧地敷在雷公像上面，然后用笔轻轻地勾勒起来。这样画比较吃力，画着画着，两鬓的汗珠顺着脸颊、脖子不住地往下淌。他似乎没有觉察，完全沉浸在了画画的乐趣中去了。果然，这

次画得比较成功，像的轮廓勾得十分精确，与贴在门上的雷公神极为相似。

齐白石成功地勾画了一幅很好的雷公像的消息，很快便在周围传开了，它大大鼓舞了齐白石学画的信心和勇气。这次偶然事件启迪了一位天才艺术家的心扉，促使他以后走上了绘画的道路，成为近代中国画坛的一代宗师。

以后，齐白石用自己的描红纸，一次又一次地勾画雷公像。等到很熟悉之后，他便撇开原稿，放手画了起来。俗话说：熟能生巧。实践使他获得了新的经验。

接下来，齐白石又开始了新的尝试。那时，有一个姓焦的老头，长得极富特点，给他留下了难忘的印象。他只要一闭起眼睛，焦老头的神态就清晰地浮现在眼前。齐白石又偷偷地跑到焦老头家观察了许多次，就开始画了。可是要把他脑子里的东西，变成纸上的东西，这是头一回，他深感到这不是一件容易的事，但他并不困难而退。虽然他不可能受到郑板桥的"眼中之竹、胸中之竹、手中之竹"的指点，但却是这样地实践了。

如果说，任何胚胎都孕育着复杂的有机体的一切因素，那么，齐白石最初的这种原始的、近乎游戏的艺术创作，却触及了中国传统绘画的基本特点，那就是根据形象的记忆和理解，创造出令人叹为观止的艺术珍品。

齐白石又一次取得了成功，他画的焦老头，不但相貌酷似，而且神态逼真，在孩子们当中赢得了"画得像极了"的最高称誉。这便更加唤起了他画画的激情与兴趣，促使他不断地去画。除了习字背书，他的全部业余时间都被画画占去了。画画，写字；写字，画画。小小艺术家的精神是多么的美好、充实！

他已不满足于仅仅能画人物了；另外还画花卉、树木、飞禽、走兽、虫鱼等等。凡是所见到的一切，他都仔细地去观察、去画。

水牛、马、鸡、鸭、鱼、虾、蚱蜢、螃蟹，他天天见到，十分熟悉，所以也画得最多、最好。蓝天上飞翔的春燕，绿荫下小憩的耕牛，杏子塘里拨着清波的鸭子，以及跳跃于荷叶上的青蛙，如今都在他的笔下展现了出来。在诗意般的激情与朦胧之中，他看到了自己的创造力。他陶醉了，兴奋了，于是他日复一日，一张一张地画了下去。

然而，齐白石很快就因画画"大难临头了"。一次，在枫林书馆里他扯竹纸本画画时被周雨若发现。这时他才忽然想起齐白石的描红本用得很快，不几天

就一本，原先以为他在练字，没料到他竟是拿描红纸画画去了。

"乱涂乱画，不学正经事。你看看，耗费了多少描红纸，这是要荒废学业的，你要改。"周雨若又生气又怜爱地看着阿芝。他看得出来齐白石的画已经有了很好的根基。然而一个贫困家庭的孩子，连糊口都困难，哪有条件去画画？

齐白石依然继续地画，只是秘密了些，不敢公开在课堂上画了。但还是被周雨若觉察了，他发现齐白石的描红本又撕去了不少，知道他还在画画，于是又生气了。

"最近画了没有？"周雨若十分严厉地问。

"画了，不过大多是拿家里包东西的废纸画，没了，才拿描红纸。"齐白石垂着头，轻声地回答。这是实

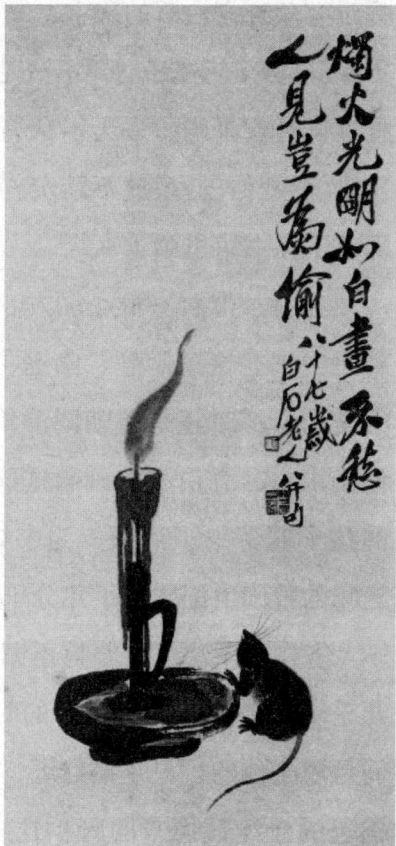

话，上次周雨若谈了那么多的话，他只记住了一句："描红纸来之不易，要珍惜。"所以，他就想了个办法，把家里包东西的纸，统统地收集了起来，一张张地理好，收藏起来。

周雨若心痛了，他知道外孙也并未因画画而荒废了学业。他为自己的外孙出身贫寒而叹惜不已。唉，若生在富人家……周雨若挥舞了一下手中的戒尺，可并没有落到齐白石的头上。

其实，齐白石也弄不清楚自己为什么像着了迷一样这样喜欢画画，一天不拿笔画上个什么鸟呀、花呀、鸡呀、牛呀，心里就不踏实。既然外公管得更加严了，那就不在书馆里画。

齐白石带着一群小朋友，跑到王爷庙右后方松树林里去了。这里僻静、幽邃，一般人是不会到这个地方来的。那时正是清朝同治年间，在中国腹地的一个偏僻山村，齐白石的画给这群纯真的、智慧之花初开的孩子们带来了清新，为书馆里平淡、刻板、枯燥、乏味的苦读生涯增添了几分乐趣和活力。

齐白石下决心要坚持不懈地画下去。他在学业上，几乎不用费力，有相当多的时间，可以用来画画。时间是属于他的，只是描红纸，不敢再用了。那是爷爷、爸爸的血汗钱换来的呀！这一点，他是不会忘记的。

那次爷爷得了重病，到镇上去买药，药没有买，却给他买来了描红本和笔。这是一片怎样的心意啊！从那以后，齐白石似乎长大了许多，懂得了许多许多的事。他不再用描红纸了，尽量地利用废纸，但他仍然要画。

周雨若终于被齐白石感动了，他改变了自己的态度："画画也好，或许将来能有出息。听说过王冕吗？宋代人，也是个穷孩子，放牛的，跟你一样，天天画，终于成为一代画师。"

"听说过。"齐白石兴奋地望着周雨若，眼睛里放射出异彩，他简直不敢相信外公会这样肯定他的绘画。他振奋了。

后来，齐白石便因贫困而辍学了。辍学后，齐白石画的更多、更勤了。他有一个自己用纸糊的口袋，里边精心地藏放着一张张的画。他的小伙伴是他这时期作品的鉴赏家。他们经常把一张张画从纸袋里拿出来，像举办个人画展那样仔细地贴在墙上。

就是在初萌画趣的这一段时光，齐白石为自己一生的光辉业绩奠定了无比坚实的基础。不久，他便靠着自己的绘画功底，学会了细木活手艺，成了远近闻名的木匠。

穷人孩子早当家

齐白石12岁时，遭遇了人生中一喜一悲两件大事。1874年正月二十一日，祖父祖母和父母做主，给他成了亲。娶的是同乡陈姓的姑娘，名叫春君，比他大一岁。这位陈春君，过门是做"童养媳"的。那时，乡间流行一种风俗，因为家里人手少，很早就给孩子娶亲，为的是让她帮家里做点事。孩子还没有成年，把儿媳妇先接过门来，经过交拜天地、祖宗、家长等仪式，名目叫作"拜堂"，就算有了夫妇的名分。等到双方都长大成人了，再拣选一个"黄道吉日"成为正式夫妻，名目叫作"圆房"。在女孩子的娘家，通常也是因为人口多，吃喝穿着负担不起，又想到女大当嫁，早晚是婆家的人，穷苦人家的打算，也就很早让她过门。

陈春君是穷人家的女儿，从小习惯操作，能吃苦耐劳。嫁进门后，帮着婆婆洗衣、做饭、做针线，里里外外，样样都拿得起。齐家上上下下

都很喜欢她，说她小小年纪就这样能干，算得上是理家的一把好手。小齐白石也很喜欢她，听了长辈夸奖她的话，心里更是说不出的高兴。他到了老年，想起童年时新婚情景，好像还有回味似的，很风趣地对人说："那时疼媳妇是招人笑话的，心里虽是乐滋滋的，嘴里非但不能说，连一点意思都不敢吐露出来，只不过两人眉目之间，有意无意地互相传传情而已。"

木工生涯

命运永远走它自己的路途。

——维吉尔

在《白石自刊随用印拓草》中，在无数幅绘画的下角，人们常常可以看到这样几颗印："鲁班门下""大匠之门""木居士""老木""木人"。"大匠之门"可以解释为木匠的学生，也可以解释为出自名师手下，是意带双关的。同样，"木人""老木"和"木居士"，也可以解释为从事过木工生活的人，或者像湖南方言的含义那样，解释为愚蠢的人。只有"鲁班门下"一印，明白地道出了自己是木工出身。鲁班就是公输子，战国时期有名的巧匠，后世从事木工的人尊奉他为祖师。此外，在晚年，齐白石曾自号"老木"，其实，这一别号，乃是当时一些和他感情较好的人对他的亲昵的称呼，齐白石重用了它，不但表明了他做过木匠，还有一种对故交往事的怀恋之情。

齐白石从枫林亭辍学之后，便在家务农。虽然各

种农活他都能干得头头是道，可因自幼体弱多病，对重活很难吃消。每当看见齐白石拖着疲惫的身体，在田里吃力劳动的情景，齐以德便十分焦虑，他为儿子的前途、为这个家现在和将来的生活焦虑。

"孩子若能学点手艺，也是一条路。"齐以德和妻子商量着。"我想找个师傅，让他学门手艺，将来也好养家糊口。"

"那就试试看吧。这事要快点办。孩子比以前懂事多了。嘴上虽然不说什么，心里也是挺着急的。"母亲答应了。

刚一开始，父亲想让齐白石学银匠，走街串巷，给富人家打些手镯饰物之类。这活儿来钱虽不多，但活轻、有技术，比较稳定。全家都认为齐白石聪明、手巧，干这行正合适。

商量定了后，齐以德跑去找那银匠。那人很精明，技艺是他的饭碗，不轻易传人。齐以德同他比较熟，碍着面子不好推辞，就找了个借口，说齐白石跟他学，每月要交3两银子。齐家哪里送得起，于是，只好作罢了。

事有凑巧，1877年（光绪三年）春节过后的一天，挂满瑞雪的大树上，大清早就飞来两只长尾巴喜鹊，叽叽喳喳叫个不停。一向信奉"喜鹊叫，喜事到"的齐白石母亲，认定有喜事临门了。不料，这自我祝福的猜测真和生活中偶然的机遇巧合了。早饭后，齐白石的一个本家叔祖——人称"齐满木匠"的齐仙佑来给齐白石的祖母拜年。齐以德见了齐仙佑，高兴地招呼他坐下。他忽然想起了齐白石，何不让他跟齐仙佑学木匠手艺？吃午饭时，在闲拉家常中齐以德说了想让儿子学门手艺活的想法。没料到，齐仙佑3杯热酒落肚便把齐白石叫到跟前，当面表示愿意收他做徒弟。

齐白石虽然从未学过手艺，然而学徒的艰辛他是知道的。虽然这件事，家里征求了他好多回意见了，但是事到临头，想到自己即将开始那样的一种生活，离家跟随一个他不熟悉的人漂泊四方，心里难免升腾起一阵隐隐的凄凉与惆怅。

但是，生活中的确再也没有别的路可供选择了。

父母为了他，操碎了心。学银匠不行，又找铜匠，补锅的，都——被毫不留情地回绝了。今天，总算有了一条生计，让他学木匠。学木匠就学木匠吧，他虽然谈不上有多高兴，可也不十分为难，因为他那并不漫长却又十分坎坷的经历告诉他生活本来就是不容易的啊！

事情就这样定下来了。几天后，齐以德换了件新衣服，拎着个竹篮，里面装着酒、一只老母鸡和几斤肉，领着齐白石拜师去了。

到了齐仙佑家，用过茶后，按照木匠的行规，进行简单的拜师仪式。除了神位上挂的是鲁班的像外，这仪式同他在王爷殿拜孔圣人没有什么两样。

中午饭是在齐仙佑家吃的。一切菜肴都是齐以德带来的，这叫进师酒。吃过进师酒，阿芝就算是"齐满木匠"的门人了。

齐白石送父亲到村头，有点依恋，眼圈红了。他极力控制着自己，生怕爸爸难过。齐以德看看孩子单薄的身架子和凄然的神色，想想他小小年纪就开始独立生活，心里一阵酸楚，止不住掉了几滴泪。

就这样，齐白石开始了木匠的学徒生涯。像银匠、铜匠一样，木匠也有手艺高低之分。齐仙佑是做粗木活的，盖房立架是本行，间或也做些粗糙的桌椅、板凳、犁耙之类的用具。干这类活计，没有力气是不行的。这对于身体孱弱的少年齐白石来说，就如同蚂蚁驮大象，是难以承受的。好在他生性要强，吃惯了苦，再苦再累还是咬紧牙关一声不响地挺着干。每次完工回家，他都装出一副轻松愉快的样子，不让父母看见难过。但是，人的力气不是装出来的。这年清明节刚过，他跟齐仙佑到一大户人家做活。像往常一样，他干的活多是扛木料、拉大锯之类。一天，他接连扛了六七根檩条，肩膀肿起老高，肚里饿得"咕噜噜"乱叫，齐仙佑还催促他快扛。当他又扛起一根碗口粗的木料往前走时，只觉得眼前直冒金星，天旋地转，一下子昏倒在地，不省人事了。幸亏那根檩条似乎有眼，朝旁边滚去，没有伤着他。齐仙佑嫌他力气小、不中用，包下的活没做完，就把他辞退了。

齐白石生平没有遭遇过这么大的凌辱与打击。回到家里，他委屈得哭了一夜。

齐以德怕孩子急出病来，又急着为他找师傅。好歹天无绝人之路，一个月后，父母托亲求友找了个也是做大器作的木匠——齐长龄拜了师。

齐长龄也是学徒出身，对于齐白石被"齐满木匠"辞退后的心境是十分理解的。"别着急，好好地练吧。无论是什么本事，都是朝练晚练，练出来的。只要肯

下功夫，常练，力气也就练出来了。"他总是这样恳挚地劝勉着阿芝。

"力气是练出来的"，齐白石知道这是师傅的经验之谈。他下定决心，一点一滴地按照师傅说地做下去。这样，齐白石除了学技术，就练气力。渐渐地情况有了好转，一般中等的木头，说扛就扛，放在肩上走起路来，不慌不忙，轻松自如。

齐长龄看到徒弟肯学、不惜力、吃得苦，心里暗暗地高兴。他怜爱这个聪敏、好学的徒弟。太重、太费劲的活，自己扛、自己干，技术性的活、较轻松的活让齐白石干。这些齐白石都看在眼里，记在心上。他觉得有时人品比技艺更为重要。

　　齐白石在齐长龄的身边，心情是舒畅的，手艺也一天天地成熟了起来。不过，他现在学的还是粗木活。后来他改学细木作，则是一次偶然遇到的事情促成的。

　　那是初秋的一天傍晚，齐白石跟师傅外出干活归来，一前一后走在稻田中狭窄的小路上。这是他拜在齐长龄门下第一次完工回家。他觉得自己仿佛是一位凯旋的小英雄，在接受人们的夹道欢迎。走着走着，师傅忽然停下来、拉住他的胳膊、穿着鞋袜就跳进路边水田里，两手下垂，毕恭毕敬地站立。

　　"师傅，您怎么了？"齐白石盯着师傅的脸色，吃惊地问。

　　"别做声！"齐长龄使劲瞪他一眼，朝前方努了努嘴。

　　齐白石这才发现，远远正迎面走来两个同行，也带着木工的工具。他们刚走到跟前，齐长龄就满脸堆笑地殷勤问好。

　　这两个人，倨傲得很，一副爱理不理的样子，他们特意看了齐白石一眼，目光中包含着轻视的成分，似乎说像齐长龄这样的"粗活"手艺也配带徒弟？

　　二人扬长而去。等他们走出老远，齐长龄才拉他跳出水田。

　　齐白石面对这一情景，很有些弄不明白，也颇有

几分反感。他心里想，同是木匠，同样干力气活，难道还有高低贵贱的不同？他忍不住问道："师傅，他们是什么人，不都是木匠吗？为什么对我们这样瞧不起？为什么我们对他们要那么恭敬？"

"小孩子不懂规矩，"齐长龄不高兴地拉长了脸，"人家是小器作，做的是细活，八仙桌、雕花床，这手艺，不是聪明灵巧的人，一辈子也学不会。木匠当中百把个里面也只有几个会细活的。我们哪能同他们相比？怎能同他们平起平坐？"

齐白石不服气，嘴里不说，心里暗暗在想：小器作、大器作，都是木匠，卖力气的，有什么高低贵贱之分？虽说雕花这手艺比较细致，难一点，但是，人都有一双手，难道人家能学会自己就学不会？他下决心要学会这门手艺，而且要超过那两个同行，给师傅争口气，让那些眼睛向上的傲慢人看看。

齐长龄也支持白石学细木活，可是细木活的师傅太不容易找。他知道，齐白石读过书，靠着聪慧、年轻，只要找上一个好师傅，是同样可以学会细作手艺的。

齐白石立志学小器作，首先得到了父母的支持，也深深打动了乡邻和亲朋。1878年一位热心的朋友告诉齐以德，周家洞村雕花木匠周之美，膝下无子，想收个徒弟，劝齐白石去试试。周之美才38岁，岁数虽不大，在白石铺一带雕花却久负盛名，尤其是平刀雕刻人物花草更是绝技超群、同行莫及。齐以德心想，如果能拜这样一位名匠为师，那自然是儿子的福气，可就怕是一厢情愿，高攀不上。不过，在妻子的劝导下，他还是抱着一线希望托人去说了。没料到，去的人很快带回一个好消息，周之美愿意收齐白石做徒弟。于是，16岁的小木工登堂入室，向雕花名匠学技习艺了。

周之美名声虽大，待人却和蔼可亲。他见自己的徒弟老实本分、勤快好学，十分高兴，事事把他当成亲生儿子看待。他喜欢齐白石，恨不得把自己的技艺一丝不留地全部让齐白石接受。他首先把自己的全套雕花图案让齐白石观看、学习，着手临摹。齐白石虽然画过几年画，也看到过一些画，但从来没有见过这么精美的仕女、花卉、走兽图案画。那种高兴的心情，是可想而知的。学了图案画之后，周之美就讲解雕花工艺，从木料花纹的选择、进刀的程序、方法，一一由浅而深、由简而繁地讲述。当齐白石在理论上有了掌握，就让齐白石试刀，从简单的图案开始，到复杂精美的构图布局；由表面的雕削到内部的镂镌。在周之美的精心培育下，齐白石开始了木雕生涯。

周之美打心眼里喜欢齐白石。他当着同行的面常常夸口说："此子日必为班门之巧匠，吾将来垂老，有所依矣。"

一天，周之美又这样夸赞自己的徒弟，有个同行当众和他打赌说："你这个徒弟若能学成器，到时我把眼珠剜出来给你！"

"你不必剜，剜出来，我也不要。"周之美笑了笑。他拿来一面镜子，打趣道："你对着看看，你那眼睛，有珠吗？"

同行回敬道："出水才看两腿泥。你这个徒弟能不能成器？咱们骑驴看唱本——走着瞧！"

类似这样的议论，齐白石听到不止一次了。每次听了，尽管自尊心受到很大刺伤，但坎坷的路已经锻炼了他的忍耐力，对美好未来的追求已经化作战胜种种冷遇的勇气。因此，他从没有流泪、颓丧和却步，相反更坚定了寻出路、成大器、为师傅添彩、为父母争气的决心。在周之美毫无保留的言传身教下，他以惊人的毅力和速度，熟练地掌握了凿子、钻子、斧头、锯子、锉和多种线刨。学会了内雕、透雕等多种雕花刀法。由于工具的限制，无论内雕、透雕，师徒俩全靠在花样和刀法上出新意、下功夫。用平刀法雕人物，既神气活现又能层次分明，是周之美的特长。齐白石又运用超人的智慧，和师父一道钻研，改进了与众不同的圆刀法。在周之美手下，齐白石逐步学会了师父的全套看家本领。

然而，齐白石并不满足于已经学会的东西。那时他从师傅手里学到的雕刻花样，都是祖师传下来的千篇一律的花篮式、人物图样，也多是单调的"麒麟送子""状元及第""刘备招亲"之类。强烈的求知欲和对美的追求，促使齐白石刻意进取。他借助自己自学的一点绘画技巧，对陈陈相因的雕花花样开始改革。首先革新的是花篮式图案，例如在原有的基础上加添一些石榴、葡萄和桃李梅杏之类的果子，或牡丹、芍药和

梅竹兰菊之类的花木，常常别出心裁，独具匠心。接着，他又向新的领域探索了。借鉴小说唱本上的插图，设计了一些"黛玉葬花""昭君出塞"等崭新的人物图样。这些巧夺天工的作品，以独具的风采和神韵，使年轻的齐白石名声大振。这是他生命史上的一次重大转折，也是他为今后的艺术事业奠定的第一块基石。

1880年，有着独立工作能力的青年木匠齐白石出师了。一出师，他就担负起了供养全家生计的重担。本来，早在1874年（同治十三年）他就已奉父母之命和陈春君结婚。穷人家娶童养媳，为的只是多一个劳力，但是多一个人就多一份口粮；加之，几年来他的三弟纯藻、四弟纯培、五弟纯隽和两个妹妹相继出世，家庭人口增多；又不幸遇到祖父的去世，安葬费用去了除"麻子丘"以外的全部家产60串制钱，生活的困难到了"灶内生蛙"的地步，甚至有人劝陈春君和他离婚。很自然，在"家有长子"的责无旁贷的义务下，每次外出做工，他都得把有限的工钱全部交给母亲。

雕花木工外出做工和粗木作不同，是以做完一个整活来安排时日的。出师后，齐白石仍是背着斧头，提着竹篮，跟随师傅在白石铺附近几十里内做活。师徒足迹所至，到处留下了手艺高强的称誉。十年木匠生活，出自师徒合作或齐白石一人之手的活计究竟有多少，连艺术家自己也记不清了，而得意之作却永远留在他的记忆中。他在谭家坨留下了一张"滴水式"嫁床，在赖家坨留下了一张"出半步式"嫁床，在狮神弯留下了一张香案，在中路铺留下了一乘花轿。花轿雕的是"刘备招亲"的故事，师徒各做一边。这些都是艺术家在家人父子的天伦乐叙中常常提出的。那乘花轿经过1943年日本侵略者的浩劫，现在已经找不到了。前面雕成虎爪正面雕有人物的香案，听说新中国成立后还摆在白石铺南二里许的狮神弯傩神庙。"滴水式"床保存在一个姓齐的小学教师手中。这些都是艺术家木工时代最好的纪念品。那张"出半步式"床照原来的样式说，前面有踏板，上面是"小三甕"雕人物。这张床的制作，在齐白石的生活史上，是一个转折点，因为在此以后，他就放弃了木工生活，走上了一心绘画的艺术之旅。

对自己的恩师周之美，齐白石更是一时一刻不曾忘记。他经常对家人和亲朋说："师傅待我如子，他的恩情比山高、比海深，我一辈子也报答不完。"1906年，他从广西外游还乡。得知师傅周之美先生去世，挥泪撰写了"大匠墓志"的碑文。他在碑文中写道：

周之美君，大匠也，以光绪丙午九月二十

有一日死……君于木工为最著，雕琢尤精。余
师事时，君年三十有八。尝语人曰：君无子，
故视余犹子也。

　　为了明白地告诉人们，自己是木匠出身，他特意
刻制了"大匠之门""齐白石老木""木居士"等印章，
经常钤印于画，形之于诗。这种"尊师重道"的品格，
对那些"登其枝而捐其本"的人来说，无疑是一个极
为强烈的对照和讽刺。

相关链接
XIANGGUAN LIANJIE

做雕花木匠奠定了学画的基础

1881年，齐白石19岁，学徒期满，家里挑了一个好日子，请了几桌客，把出师和"圆房"合在一起庆贺。出师和成亲，意味着齐白石走进了人生的一个新阶段。

刚出师的齐白石，仍然跟着师傅一起做活。有钱人家办喜事，雕花家具总是少不了的。师徒俩手艺好，齐白石也渐渐有了些名气，人们见了他，都叫"芝木匠"。他们师徒俩常去的地方，主顾越拉越多，有时师傅忙不过来，就由他一人去了，生意倒是源源不绝。雕花得来的工资，全数交给母亲，贴补家用。但他家人口多，这点工资只能小补，家里还是经常闹饥荒。于是又利用闲暇，用牛角等材料雕刻一些既实用又好看的烟盒之类的小东西，托杂货铺代卖，以解柴米之困。

《白石老人自传》谈到这段雕刻生涯时说："那时雕花匠所雕的花样，差不多都是千篇一律。祖师传下来的一种花篮形式，更是陈陈相因。雕

的人物，也无非是些麒麟送子、状元及第等一类东西。我认为这些老一辈的玩意儿，雕来雕去，雕个没完，终究人要看得腻烦的。我就想法换个样子，在花篮上面，加些葡萄石榴桃梅李杏等果子，或牡丹芍药梅兰竹菊等花木。人物从绣像小说的插图里勾摹出来，都是些历史故事……我还用脑子里所想到的，造出许多新的花样，雕成之后，果然人都夸奖说好。我高兴极了，益发地大胆创造起来。"

痴情翰墨

幸运和爱，与勇者长随。
——奥维德

    齐白石在70岁时作有一首题为"往事示儿辈"的七绝诗："林书无角宿缘迟，廿七年华始有师。灯盏无油何害事？自烧松火读唐诗。"这首诗回忆了自己由木工变成画家的转折，也表明了艺术家又一段刻苦自砺的过程。

    说到齐白石从事绘画，万万不能撇开他在木工时代的11年。雕花木工离不开绘画，正像版画家离不开动刀前的创作稿本一样。二者相辅相成，相互促进。

    一次，齐白石到一蔡姓人家去做木工。蔡家为富户，家藏书画丰厚。好学的他，工余便一头扎进书房里，一个劲地翻阅各种书籍。一个偶然的机会，他竟无意翻到了一本《芥子园画谱》。

    齐白石做梦也没有想到，人世间居然还有这样精美的、供人学画的书。他急忙地翻阅着，只见里面有

《树谱》《山石谱》《人物屋宇谱》《兰谱》《竹谱》《梅谱》等等，应有尽有。他的精神为之振奋，激动的心境简直难以形容。

在齐白石出生后的同治年间，在当时的印刷条件下，像他这样地位和出身的人，根本见不到这个《画谱》。摆在齐白石面前的这套康熙年间刻印的画谱，开化纸、木刻板、五色套印，极为精美。画谱讲解了从作画的第一笔开始，一直到整幅画画成的全过程。用墨着色的浓淡、深浅、先后、远近、配合和渲染方法，都有十分详尽的叙述，为初学者提供了难得的入门之法。

齐白石简直入迷了。每到夜阑人静之时，他便偷偷地拿出画谱，就着微弱的灯光，如饥似渴地、贪婪地看着、揣摩着。若有人声响动，便急忙把书放回原处，怕被主人发觉。这样，每天晚上一吃完饭，齐白石就回到屋里，拉上窗帘，尽情地、静心地看起《画谱》来，一边看，一边比划着。他后悔自己没有带纸笔来。案上虽然摆着砚台、宣纸和笔，他手痒痒的，但不敢动，因为这是主人的，他从不随便使用人家的东西。

过了没有多久，蔡家的活儿便完工了，他多么希望能再有活让他多干几天！但是，即使能留下来，这样偷偷摸摸地看也不是长远的办法，匆忙看一遍，能够读懂多少呢？

临走的时候，齐白石终于鼓足了勇气，向主人开口索借《画谱》。对艺术的酷爱使他顾不了可能被拒绝后的沮丧和尴尬。没料到主人素来看重白石，对这个勤奋好学的小伙子有着深深的好感，于是便很爽快地答应了。

齐白石捧着《画谱》，爱不释手。他没想到自己会借书成功。20多里路，齐白石像长了翅膀，一会儿就到了家，一路上他简直是心花怒放。

征得母亲的同意，齐白石抽出工钱中的一小部分，买下了一点颜料、几杆新笔。工作余

暇的夜间，齐白石便在昏暗的桐油灯下，照着画谱传授的用笔先后，对着一幅一幅的范本，认真地临摹起来。对艺术的专心致志战胜了疲劳，出现在"包皮纸"或"包烟纸"上的一枝花、一只鸟给他带来了无限的快乐。他在日积月累中初步掌握了水墨画的技巧。

临摹完这些画，花去了他半年多的业余时间。他把这些画，按照原来的样子，装成16本，自己还精心地设计了一个封面。

这是当代艺术大师齐白石在他青年时代进行的一次最大规模的绘画实践。虽然在当时还很难看出它对这位大师一生事业的深远影响，但是有了这套书，使他雕花的技巧跃进到了一个新的阶段，画谱为他开拓了一个完全崭新的境地，他的声誉已远远地超越在老师周之美之上了。

在祖国深厚的艺术土壤之中，齐白石逐渐走向了成熟。6年时间里，他不知按照《芥子园画谱》临了多少遍，积累了上千张的手稿。从枫林亭学馆画雷公像到如今临摹几千张画，20多个年头，饱含着他的执着的追求与热切的期待以及那说不清道不尽的欢愉与惆怅，他走过了一条艰辛而光辉的艺术之路。他的绘画生涯，就这样作为雕花木匠的一个副业正式开始了。周之美曾深有感慨地对别人说过："我知道这孩子不一般，有出息。他从小就有志气，干什么，学什么，认真得很。"事实的确如此！

1889年春节后，齐白石偶然的一次机会结识了湘潭名流寿三爷。寿三爷的本名叫胡沁园，出生在一个书香世家。少年时代，受过严格的、系统的中国传统文化的教育，书、诗、琴、画都打下了深厚的基础。他生性任侠、豪爽、风雅，素喜交友，所以家里常常高朋满座。

胡沁园早就听说过齐白石，也看过他的画。他觉得一个木匠能画出这样的画，很难能可贵。这次，与齐白石意外相会，他十分高兴。为了当面试一下齐白石的本事，胡沁园出了一个"飞来佳禽对语"的画题，在解释了题旨之后，叫齐白石画一张横批。磨好墨，经过时间不长的构思，齐白石便画起来。最后搁笔时，画面上出现了一个人面向敞开的窗口，窗外是一对展翅归来的燕子。很多人异口同声地赞好，胡沁园也点一点头，对在座的人说："很可以造就。"

"你愿不愿意读读书、学学画？"胡沁园拉住齐白石的手问道。

"想学，就是家里太穷，学不起。"齐白石说着，脸上便蒙上了一层薄薄的愁云。

"穷没关系，只要有志气，一面读书学画，一面卖

曾经灞桥风雪　　　　患难见交情　　　　鲁班门下

画养家，也能对付得过去。"胡沁园安慰着齐白石。
"自古名士出寒门，这是很有道理的。三国的董季直，
晋代的车胤、孙康，穷得没有油点灯看书，就用荧光、
冬雪作照明，终于作出了大学问。你只要肯下功夫，
来日可待。"

齐白石听后异常兴奋，他没想到大名鼎鼎的寿三
爷竟这样关心贫苦人。"一面读书学画，一面卖画养
家。"这是一条多好的道路。齐白石怀着十分感激的心
情，向胡沁园深深一躬，大有"相见恨晚"之意。

这次意外的会见，给了齐白石一个新的转机。他
当时连做梦也没有想到，这对于他以后的人生道路、
艺术生涯会具有那么大的决定意义。

齐白石跑回家，兴奋地把这一切都原原本本地告
诉了家里。父亲、母亲知道寿三爷这样器重他，说明
他的技艺已经达到了一定的水平。于是，他们都同意、
都支持。

过了半月，在一个春雨泥泞的中午，齐白石从40

业荒于戏　　　　　　木人　　　　　　大匠之门

里外的白石铺来到了韶塘胡家。当天在拜过孔夫子之后，齐白石拜了两个老师：胡沁园和陈少蕃。晚上，胡沁园把他安顿在标有"藕花吟馆"4个大字的书房里，说："'苏老泉，二十七，始发愤，读书籍'，你正当这个年龄，明天就跟着陈老师读书吧！"

光绪年间，陈少蕃是湘潭十都一带公认的饱学先生。他教学生，不仅注意八股文，试帖诗，还有意地给学生讲古文，教唐宋诗，并且提倡看小说，常说《红楼梦》里大有经纶。和陈少蕃同时享有盛誉的胡沁园，是出身地主阶级的知识分子。他能写一手汉隶，画工致的花鸟鱼虫，做些田园诗，以陶潜、陆游为宗，而归于张问陶那一派。

胡沁园和陈少蕃一道，以发现并尽自己的力量培养一个天才为人生一乐，也当作一件十分慎重的大事。出自善意的思考，他俩共同为齐白石取了一个学名：璜，字濒生。因为家居白石铺，按照自古相传的习惯，齐白石有了一个别号：白石山人。

情况的发展超过了胡沁园的殷殷期望。蕴蓄着无限天才但又深感自己学力不足的齐白石，白天读"唐诗三百首"，用同音通假字自注生字的音，写在书页的空白处，温习时一边读一边死记。晚上，在"藕花吟馆"踏着一只"烘笼子"（冬季取暖工具）或挥动蒲扇，借着桐油灯所发出的暗淡的灯光，读了写，写了读，几乎忘记了疲劳，忘记了睡眠。就这样勤攻苦读，不到两个月，齐白石便以惊人的记忆力和领悟力烂熟了功课，赢得了老师的高度赞誉。

对于胡沁园的知遇之恩，齐白石是刻骨铭心、难以忘怀的。27年了，他自己走过了一段多么曲折、艰辛而又漫长的学画道路，直到今天才得到了名师的指点。胡沁园与自己素昧平生却一见如故、倾力相助，这是一种多么高尚的人格啊！齐白石暗下决心，决不能辜负恩师的培养和期望。

27岁那年，齐白石停止了木工生活，一心开创他的绘画事业。这一年成了他生命中的转折点。此后，他早起晚睡读书练画，日日如此，专意翰墨。

当时，齐白石家里的景况愈益不好，人口一天天增多，年景不是旱就是涝，田里庄稼收不了多少。赋税又重，全家人常常有了上顿没有下顿，过着十分凄苦的日子。

胡家安适、丰厚的生活，不但没有拉开他同家庭的距离，反而加强了他对家庭的关切和怀念。每当夜阑人静，妻子愁苦的面容、父亲弯腰驼背扶犁耕作的情景、母亲骨瘦如柴、风吹欲倒的身影……——浮现在眼前。他常常暗自流泪。

他不顾疲劳，不顾身体，一个劲拼着干。为了一幅像的2元到4元的酬金，他以在纱衣里面透视袍褂上的团龙花纹的绝技，从乡下的地主家画到城里的绅士家。三十九年后，也就是齐白石61岁定居北京时，为

了永远不忘掉这段备受艰辛的学画生涯，他在自己的
住所布置了一间屋，取名"甑屋"，在扁额上写着：

> 余未成年时喜写字，祖母尝太息曰："汝
> 好学，惜来时走错了人家。俗语云：三日风，
> 四日雨，哪见文章锅里煮！明朝无米，吾儿奈
> 何！"后二十年，余尝得写真润金买柴米，祖
> 母又曰：哪知今日锅里煮吾儿之画也。匆匆余
> 六十一矣，犹卖画于京华，画屋悬画于四壁，
> 因名其屋为甑，其画作为熟饭，以活余年，痛
> 祖母不能同餐也。

这是白石30年间，卖画养家生涯的写照。

就是在这样的困境中，齐白石崛起了。在韶塘，
横在齐白石心上的事莫急于读书、莫大于画画，实际
上他也是齐头并进顾此不误彼。他如饥似渴、废寝忘
食地学习着、练习着，几个月下来，人都累瘦了。

若学拜师，除了胡沁园的传授外，在上一年，他
已通过一个叫作齐铁珊的介绍跟萧芳陔学过画像，又
因萧的介绍，接受了文少可的一些技法。因为有着
"木工拈箸先拈笔"的自我练习，又从萧、文二人学习
过，来到韶塘之后他很快地接受了胡沁园在"立意"

"用笔"上的很多传授，并且通过胡的介绍，跟谭荔生学习画山水，又观摩了胡家所藏很多古人和当时人的作品，同时又不断地练习、创作，这些使得齐白石的绘画艺术有了突飞猛进的提高。不到一年，除了画像，他已掌握了画山水、人物、花鸟的基本技巧。

就在1889年的冬天，齐白石完成了题为《琴书至乐园》和《浮湘望岳图》的两轴山水，显示了齐白石"外师造化，中得心源"的艺术天才。他的功力被胡沁园夸奖为"已到云林境"。

齐白石谦虚好学，博采众家之长。特别值得提出的是齐白石不光向活着的老师学习，还用最大的努力向前人学习，向民间画家学习。乾嘉年间的湘潭几位民间画家王可山、陈竹林等的画使他颇受教益。齐白石把这些民间画家的优点和"八大山人"的笔法结合起来，逐渐走上了"以我少少许，胜人多多许"的道路。更为可贵的是，齐白石不但娴熟地继承了中国文人画的优秀传统，而且把民间劳苦大众在困厄之中那种欢乐、坚韧不拔、蓬勃向上的精神风貌，融进了自己的作品之中，形成了自己独特的艺术风格，为未来的独创门户准备了条件。

这一时期，在陈少蕃的悉心教导下，齐白石还读书万卷，成为饱学之士，并且学会了作诗。1889年4

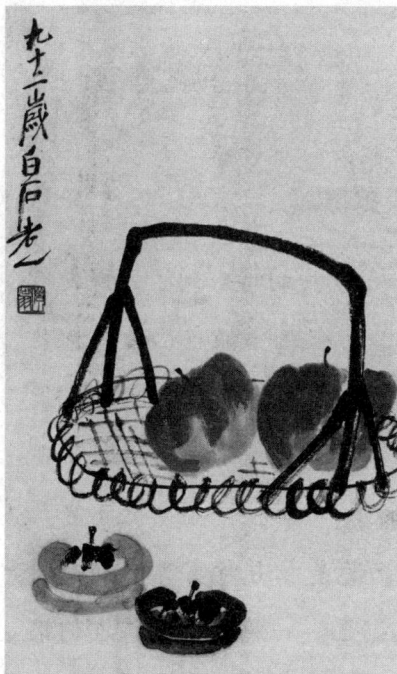

月初，很多人在韶塘举行咏牡丹诗会。出乎意料的是，初出茅庐的诗人齐白石吟出了"莫羡牡丹称富贵，却输梨橘有余甘"的佳句，在当地被广为传诵。这是他的处女作。这时经常往来韶塘的一些和齐白石年岁相当的人，如王仲言、罗真吾、罗醒吾、陈茯根、谭子铨、胡立三等都和他定交，常常一起商量学问。和这些人相处，齐白石除了研读古人的诗文，还接触了《西厢记》《红楼梦》《聊斋志异》等古典文学名著，好多章节都背得滚瓜烂熟。此后，他们组织了"龙山诗社"，被时人称为"龙山七子"。齐白石在诗社被誉为"诗仙"。40年后，王仲言回忆"诗社"时评价齐白石说："天才颖悟，不学而成，一诗既成，同辈皆惊，以为不可及。"

我们的艺术家就这样登堂入室了。

相关链接
XIANGGUAN LIANJIE

一鸣惊人

1889年4月初，一年一度的诗会到了，诗友们欢聚一堂，吟诗作赋，大家在吟诵自己的得意之作。胡沁园来到齐白石身边悄悄地说："你也吟诵一首吧！"齐白石走上前去，深深地向大家行了鞠躬礼，然后吟诵自己的第一首诗："盛名之下岂无惭，国色天香细品香。莫羡牡丹称富贵，却输梨橘有余甘。"真是不鸣则已，一鸣惊人，诗友们报以热烈掌声。

胡沁园说："盛况难再，是不是还要濒生画幅画，助助兴。"齐白石答："试试吧。"十来分钟后，一枝傲霜斗雪的腊梅出现在宣纸上。这是齐白石拜师后的第一幅画，表现得是那么有诗情、有画意，又获得一阵阵掌声。有人提议胡沁园题上款以作留念。胡先生挥笔写下七言诗："藕池相聚难逢时，丹青挥洒抒胸臆。寄意腊梅传春讯，定叫画苑古今奇。"落款是"濒生作画，沁园题诗并书"。

烟从水上去，诗自腹中来

齐白石14岁学木匠，15岁开始拜著名的雕刻木工周之美为师，学习木雕。周之美吸烟，齐白石经常买水烟或旱烟孝敬师傅。大约20岁时，齐白石的工艺已非常出色，除木雕外，他还经常制作一种水牛角样的烟盒子，这种烟盒既能装水烟条丝烟，又能装旱烟叶子，工艺精细，携带方便，很受烟客欢迎。常与烟客交往，齐白石自己也爱上了吸烟，他经常将卖牛角烟盒的钱用来买烟，配齐了旱烟管、水烟袋，俨然一个老烟客。

1895年，31岁的齐白石参加了湘潭罗山诗社。其时，齐白石在画坛已享有盛誉，诗、书、画、印四艺皆绝。一次，诗社社员聚会，齐白石提议起草社章，诗友们均表示赞成。大家你一句、我一句议论开了。说到不打麻将、不谈女人等条件时，齐白石都表示同意。当有人提出不嗜烟酒这一条时，齐白石却沉默不语，大家知道他嗜好烟，就不难为他了。

过了几天，诗友们又组织登山，途中，一位诗友突然发问：孔老圣人最爱好什么？诗友们各抒己见，但说不出权威结论。这时，一位诗友突然语出惊人："我看孔老圣人最爱吸烟！"此语一出，众人迷惑，因为印第安人14世纪才发现烟草，传入中国的时间更迟，孔子时代还根本没有香烟，他怎么能爱上香烟呢，岂非天方夜谭？看到众人不解，这位诗友慢慢道出了原委："去年我去王秀才府上拜年，见到他在孔夫子灵位上贴的一副对联：'茶烟待人客，笔墨不当差'，据说请他作文写字的人实在太多，他贴出这一对联，意思是他常以茶烟待客、自用，希望求文求字的人能出些茶烟钱。王秀才是孔夫子门生，门生吸烟，作为老师的孔夫子当然喜爱香烟了。"一席话，说得众人哈哈大笑。

说者无意，听者有心。听了这位诗友讲的故事，齐白石深有感触地说："不瞒诸位，我吸烟已有十多年历史，平时写诗、作画都喜欢吸几斗水烟，现在大家这样诚意劝我，我一定要把烟戒掉。"他一边说，一边从口袋中掏出精美的烟盒扔到山溪中，并口占一联：烟从水上去，诗自腹中来。众诗友为齐白石的举动拍手称好。从此以后，齐白石再也没有吸过烟。

嗜石成癖

好奇心——强有力的智能最为持久的
特性之一。

——约翰逊

齐白石作为一代艺术巨匠，除了精通诗书墨画外，还是治印的高手。他的治印成功也同样经过了一个艰难的历程。

齐白石学刻印，起步于胡家学画。不过，那时他一心扑到笔墨技巧上，对金石知之甚少，兴趣也不大，只是偶尔刻几方作画用的印石，印文只具名字。朱文印尚有些劲秀处，白文印多为顺笔平削，大头小尾，既谈不上篆法，也谈不上刀法。后在胡沁园的启发下，齐白石才知道了印章也是门艺术，要想成为治印高手，同样也得付出一番苦功。

在韶塘，齐白石发起并组织"龙山诗社"后，社友中有人会写钟鼎篆隶并擅长治印的。其中黎松安和王仲言刻印，取法邓石如而能规行矩步，运用自如，技艺高人一筹。从他们的铁笔生活中，齐白石受到启迪，转而开始向他们学习。后来，他在枭山黎家画像时，又看到了丁敬和黄易的印谱，惊为平生创见，眼界大开，对治印兴趣骤增。

一天，"龙山诗社"的同仁们一起到罗山脚下去玩。黎松安拿出一块名贵的寿山石让大家看。齐白石惊喜地叫出声来，其他人也个个像馋嘴猫似的，都想据为己有。

黎松安为难了。一块石料，众人伸手，都是自己的好友，谁也偏向不得。他踌躇了半天，才想出一个一碗水端平的方法。

"这样吧！"他指着山下溪流上架的一根独木桥，笑着说，"谁能平安无事地从上面走过去，再走回来，这块寿山石就归谁。你们看怎么样？"

大家都急着要得到印，异口同声地表示赞成。黎

松安信手折了根细竹，做成竹签，以抽签确定先后顺序。结果，抽签先走的几个人，有的跨上独木桥，没走两步双腿就筛起糠来；有的走到桥中间，头晕目眩，再也不敢迈步了，只得抱住独木爬回到对岸。轮到齐白石，他定了定神，便勇敢地走了上去。他像体操运动员走平衡木似的，倒着从独木桥上走过去不算还退着走回来，而且不摇不晃，如履平地。他出色地完成了规定的动作，赢得了一片叫好，得到了寿山石。

一块寿山石料，看起来似乎是微不足道的。但是对一贫如洗的齐白石来说，能得到这样一块名贵的石料却是一件了不起的事情。齐白石把它当作一件无价之宝，随身携带，一直珍藏着不舍得用。

几年后，齐白石在一大户人家"描容"，遇上了一位从长沙城里来的刻印人。此人自称是省城首屈一指的篆刻名家，技艺超群。齐白石眼见许多斯文人都拿来贵重石料请他刻，自己也动了心。他也想把珍藏多年的寿山石拿去，请名家刻一方题画用的印章。

一个傍晚，白石带着那方寿山石，跨进了"名家"的门。

"先生，烦你给我刻一方印章，款式由你定。我的名字叫齐璜。"

"名家"连头也不抬，毫不理会他。齐白石觉得这个人脾气有些怪，又说："我的寿山石、姓名都留在这里，麻烦先生一下。"

"名家"依然没有反应，齐白石弄不清为什么，于是就退了出来。

过了几天，齐白石找"名家"讨印。

"先生，我的印刻好了吗？"他先施一礼，敬重地问道。

"你是谁？""名家"用余光不经意地打量着他。

齐白石还没开口，旁边一个管家模样的人说："先生有所不知，这位是'描容'匠，从前是木匠，人称'芒木匠'。嘻嘻……"

"噢！'芒木匠'？一语双关，有意思。""名家"不阴不阳地说。"可惜呀，这么好的一块石料，怎么会到了你的手里。"他掂量着寿山石，话中不无惋惜。

齐白石无故受了嘲弄，但他还是忍耐着。因为他对技艺高于己者，向来满怀尊敬。

"先生，我的印到底有没有刻好？"齐白石自尊心受到了极大的伤害。因为有不少人正幸灾乐祸地看着他，尴尬仿佛要一点一点把齐白石挤扁、吃掉。

名家不耐烦了，把石料往桌上猛地一掷，厉色道："不平，拿回去磨好，再来！"

齐白石连忙心疼地把石料拿起，看没有摔坏就捧

着走了出去。他觉得心里很不是滋味，自己的这块寿山石，表面已经光滑如镜了，还要磨什么呢？不过，人家是"名家"，既然这么说，他只好拿回去再磨。

齐白石是一个极具度量和修养的人。

寿山石磨好后，齐白石又送上门来。"名家"见又是他，瘦长的脸一沉，拉得更长了。他瞟了齐白石一眼，石料看都没看说道："还是不平，再磨！"

这时，周围帮腔的人如一群"嘤嘤"乱叫的苍蝇嬉笑着、议论着：

"真是的！连石头都磨不平，也想刻印？"

"4两芝麻开油房——不晓得自己有多大本钱。"

齐白石无端地受到一顿奚落、挖苦，脸涨得像血泼一样。这个血气方刚的人，以极大的忍耐抑制住心头的怒火，冲上去一把抓过石料，像一头愤怒的狮子离去了。

齐白石从未遭遇到这样的白眼与凌辱，他十分愤慨。天下哪有这样的名家！从这"名家"的身上，他看到社会另一个角落里的一些人。他告诫自己，不管今后的艺术成就会怎样改变自己的身份、声誉和地位，但自己首先是个普普通通的人，一个贫苦农家的孩子，一个穷木匠。

那些讥讽的话语、嘲弄的嬉笑，像阵阵冷风在耳

边盘旋、鸣叫。他手里托着寿山石，也不知凝视了多久。他不相信世界上有学不会的事。求人既然这么难，何不自己动手、自己发愤呢？再说，也只有自己刻出来的印才能与自己的画形成浑然一体的、协调的艺术风格。

说干就干。齐白石在松火微弱的灯光下，聚精会神，一刀一划地刻了起来。他把愤怒和志气交聚在刀尖，一鼓作气刻了三个字"金石癖"，完成了他平生以来自己刻制的第一方印章。

这是一方白文的印。布局合理，刀法苍劲，隐隐有一股刚毅之气，也许因为是"愤怒之作"，所以盖在纸上很有神韵。齐白石看着自己的处女作，忽然想起了陈少蕃老师的话："天下无难事，只怕有心人。"

第二天，齐白石起了个大早，连饭也没吃，便拿

着自己刻的印去找黎松安。他要听听别人的意见，自己到底是不是学习治印的那块料。

"这真的是你第一次刻印？"黎松安仔细欣赏着，简直不敢相信自己的眼睛。"这刀法、构图都很好，有造就，初次能这样，很不简单了。"他用赞扬的口吻说。

齐白石看自己得到了肯定，心里非常高兴。但他知道自己还仅仅是个"门外汉"，还需要老师的指点。于是就在黎松安家住下，在黎松安的指导下，专攻治印。

黎松安从基本刀法开始，教给他进刀、用刀的方法。齐白石毕竟是雕花木匠出身，练就了一双操刀的灵活的手和巧妙的技艺，腕力也好，所以学起来并不那么费劲。每天清早一起床，就拿出晚上已经准备好了的印石，一刀一刀地削下去。每天同石头打交道，刻了磨，磨了又刻，一晃半个月过去了，刻印有了长足的进步。

治印，除了刀法外，还讲究方寸之内寓变化，这就颇需要有艺术的匠心。不久，黎松安就觉得自己再担任齐白石的老师已力不从心了。于是他就把白石推荐给了另一治印名家黎铁安。

在黎铁安家住下后，白天齐白石作画，晚上铁安就教齐白石刻印。

"我总是刻不好，怎么办？"齐白石诚恳地问。

　　"我看了你的印谱，还是很有功力的。不过，刻印和画画一样，主要靠练。南泉坤的楚石有的是，挑一担回家去，随刻随磨，你能刻到三四个点心盒都装满了石浆，那就刻好了。"

　　齐白石细细地玩味他的话语，心里一下子亮堂了许多。此言蕴含着平凡的哲理和他经年累月的经验。

　　在铁安的具体指导下，齐白石每天潜心于刻印之中。对于印章的尺寸、篆法、布局，笔画的曲折、肥瘦、白文与朱文，都一一进行了认真的体察、构思和比较。

　　事业的成功，给人带来的是喜悦，而成功之前的失败，给人带来的却是痛苦。有一天，齐白石接连刻了几方印章都失败了。但是齐白石并没有丧失信心。"滴滴之水，志在海洋。"自己哪能因苦废志呢?

　　以后，无论在星斗塘、韶塘、长塘（黎松安家）刻印，他常常"刊后复磨，磨后又刊。客室成泥，欲就干，移于东复移于西，移于八方，通室必成池底。"很快，齐白石便在朋辈中后来居上，独树一帜。

　　那时，印材绝大多数都是乡间到处都有的"楚石"，这种石料质地松软，极易迸裂。但是，齐白石以雕花木工的腕力，掌握印材的特性，总是得心应手。

　　俗话说：响鼓不用重槌敲。齐白石"印见丁、黄始入门"，一入门，细看勤摹，便升堂入室，几可乱真。在师友们的怂恿下，他刊出了自己第一次印稿，共四本，题曰："寄园印存"。印存第一颗为"金石癖"，白文。其中好印更不少，如"古人伤心人别有怀抱""真宰上诉天应泣""吾少也贱"诸印，都达到了很高的艺术水平。至此，刻印象卖画描容一样，成为了他养家糊口的另一条重要财源……

　　齐白石一生刻印3000多方。这些印章，不论白文还是朱文，都能跨出前人藩篱，以雄伟刚健、苍劲古拙而开宗立派。它们像夜空中的明星，瑰丽夺目，美不胜数。而老人偏爱的那方"金石癖"印章，更像众星中的启明星。它从苍茫的天际捧出一片朝霞，照耀着齐白石卧薪尝胆，发愤图强，一步步登上了金石艺术的峰巅。

相关链接
XIANGGUAN LIANJIE

篆刻成就也辉煌

　　齐白石的篆刻以其自身独特的篆书风貌结合长期的艺术实践，将多种刀法冶为一炉的单刀系统，再加上大开大合具有强烈视觉冲击效果的章法，营造出具有极端自我意识的印风。

　　齐白石对于自己的成就，曾有过"诗第一，印第二，字第三，画第四"的评价，而很多人则持相反的见解，如著名画家黄宾虹就认为："齐白石画艺胜于书法，书法胜于篆刻，篆刻又胜于诗文。"

　　和所有杰出的篆刻家一样，齐白石的篆刻也有一个不断吸纳传统、融会贯通的过程。黎松安是齐白石的诗友，是齐氏刻印真正的启蒙者。回顾白石老人的一生，赵之谦对他影响很大。

　　齐白石努力摆脱模仿，自行创造，是年近六十才开始的。齐白石刻印，往往不打印稿："一手执刀，一手握石，先痛快利落地将印面所有横划刻完，再侧转印石，用刀方向不变，将所有竖划

刻完，然后在笔画转折处略加修整，只闻耳畔刀声咔咔，顷刻之间印已刻成。"

齐白石惯用单刀侧锋向前冲。用指运力，用臂力向前直推，每根线略带弧形便是运臂所致，这样的刀法几乎无人企及，而这与他自幼打下的木雕运刀功夫基础是分不开的。齐白石篆刻变法不仅是刀法大变，篆法、章法全都大变。其篆法、章法变转为折，变曲为直，变笔画均匀为大疏大密，变横平竖直为适当倾斜，变双刀、切刀为前冲刀，变工整守法为自由奔放，而且简化字形，易读易认。齐白石的篆刻艺术，对现代中国篆刻产生了重要的影响，随着时间的流逝，他在篆刻方面的贡献也必将由历史作出客观的评价。

百炼成钢

自愿的辛苦使我们较容易地忍受不自愿的辛苦。

——德谟克利特

古人说读书万卷不如行万里路。陶冶一个艺术家，即使读过万卷书临过万卷画，如果不行万里路，深入生活，在生活中观察、体验一切事物，扩大眼界，开阔胸襟，那么，哪怕是再伟大的天才，也会在狭窄的生活里面窒息，以致断送。

齐白石深深懂得这个道理。他之所以成为杰出的艺术家，除了清教徒式的刻苦自砺和良师益友的诱导，"江山之助"也是一个极其重要的因素。他曾"五出五归"，最终在祖国山川风物和远游生活经历中百炼成钢。

清代末年，一方面由于长期的封建剥削，一方面由于现代交通事业还在胚胎阶段，舟车往返，既不方便，又很缓慢。三五百里的旅行，也被看成"出远门"，饯行送别，煞有介事。一个身无分文的人，如果

不是当兵或讨饭，要想远走他州别乡，谈何容易。因此，"安土重迁"的思想，仍是很顽固地盘踞在所有人的头脑里。在这种条件下齐白石"五出五归"，远游万里，最主要的是艺术的鞭策。

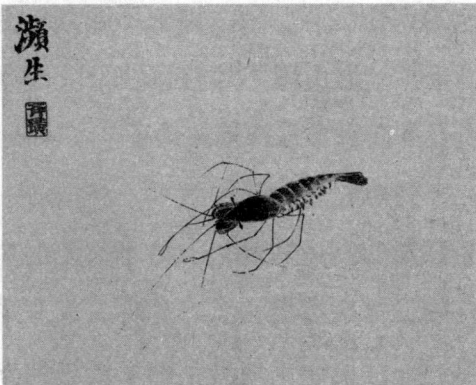

1902年（光绪二十八年），齐白石任官于西安的好友夏午治来信邀请他去教夫人姚无双作画，并寄来了旅费。汉阙唐宫秦砖汉瓦的古都，引诱着40岁尚未出过家门一步的齐白石。而家中父母年老、妻子负担繁重、稚儿尚未成人，又有着"在家千日好，出门时时难"的古话，当时齐白石真是既喜又忧。喜的是自己终于有了一次走出湘潭小天地放眼江天外的机会，忧的是家庭拖累，难以放心置之。权衡再三，齐白石把旅费的一大半留在家里，毅然取道北上了。

4000里的行程，利用了帆船、火车、畜力车等好多种古老的和新兴的交通工具。一路上，800里洞庭的浩渺烟波，风帆出没；武汉三镇的尘嚣嘈杂，华洋并处；灞桥的衰抑号风，白雪没胫。这些都大大激发了他的创作灵感，他一路上不顾颠簸劳顿，兴致高昂地画下了"君山图""洞庭看日图"等很多山水画，目之所及的新景象深深地拨动了艺术家敏感的心弦。

到西安后，除了教画，齐白石一刻不闲。他谢绝了好友的宴请和其他一些不必要的应酬，一头钻进大自然，挥毫泼墨去了。碑林、大雁塔、牛首山、华清池……都留下了他勤学的足迹。西安古都的一草一木都激发了他创作的灵感。一天下来，回到寓所，兴致犹存，不顾夜深时晚，凭着白天所睹景物的印象，率性而作。

西安旅居不到3个月，夏午诒要进京谋求差事，调往江西，他邀请齐白石和他全家一起赴京。西安一驻，唯一使他留恋的便是西安作为六朝古都而留下的难以胜数的名胜。这里真是一片神奇的土地，那一幢幢古式的建筑，一条条街市，甚至于一山一石，一砖一瓦，都存留着古代文化的印痕，都给他以无边的遐想。这是他走出湘潭的第一站，他感知到了天下之大、风物之盛，他欣喜地吮吸着造化赐予的营养。

齐白石依依不舍地告别了西安，踏上了进京的路。一路上，陪伴着他的是浩荡的春风和无边的风景。走到华阴，太阳西沉。齐白石顾不得一天旅程的疲劳，也懒得去应酬待客，独自跑去看华山了。万岁楼上，

华山雄姿尽收眼底。晚上，就着灯光，他画出了有着几十里桃花、数重山色的《华山图》，出弘农涧时，又携画具于涧外画《嵩山图》，增添了《借山图》的内容。

到京后，齐白石和夏午治一家住在北京宣武门外菜市口的北半截胡同。刚安顿下来，亲朋故友就络绎不绝地前来拜访。齐白石不习惯应酬，退到后院僻静的一角，潜心作画。

北京期间，他留下了一幅幅传神的精妙的图画。春天，留在他的笔端、他的画卷之中。琉璃厂的古字画店、各种流派的绘画作品使他流连忘返；四喜、三庆班的京剧，使他陶醉。中华丰厚的艺术精华，以不同的方式滋养着他、丰富着他。北京给予他的美好的印象，不是它的繁华而是灿烂的艺术，各种流派的绘画艺术在这里竞争、荟萃。这种得天独厚的条件，湘潭、西安是无法望其项背的。

一周以后，因婉拒出仕，齐白石离京回湘。他行箧中所增添的，第一是诗囊画稿，其次是同仁堂的平安散、荣宝斋的木版水印画诗笺和李玉田的画笔。回到家乡后，他忙不开的还是作画吟诗。

当然，齐白石并未忘记去探望他的恩师胡沁园。回家后第三天，他便带上这半年来自己最得意的画，去胡家了。胡沁园一幅幅画都看得十分认真、仔细，从艺术构画、布局、运笔、题字用章，一一仔细地品鉴，眉宇渐渐地舒展开来。他为齐白石这半年艺术实践所取得的成就而高兴。这哪里仅仅是画，简直是祖国壮丽山河的真实再现，不，是艺术的再现。尤其是那幅《华山图》，更使胡沁园惊叹不已。他对齐白石说："历代以华山入画，不在少数。真正很传神的，不多，你这也算一幅。"

第二年（1904年）春，齐白石又开始了第二次远游。这一次是去南昌，过九江，上庐山，登滕王阁。五老峰下的老树，鄱阳湖上的闲鸥，都收入了他的笔底。半年过后，齐白石回到家乡，整理旧稿，刊出第二次印谱："白石草衣金石刻画。"以前，他印学丁、黄，字学何绍基，后来在北京，向李筠庵学会了写魏碑的用笔方法，而且写信和署画款都不离此体，因之，一手结体峻整、

笔势刚方的书法，为人敬佩。

1905年，应广西提学使汪颂年之邀，齐白石来到了山水甲天下的桂林、阳朔。这片神奇的天地，把齐白石给深深地吸引住了。一座座互不相连、独立着的嶙峋山峰拔地而起，峻峭玲珑，形态各异：有的像春笋，有的像大象，有的像开屏的孔雀，有的像凌空展翅的鸳鸟，有的如延颈搏击的斗鸡……真是千姿百态，令人目不暇接。这山山水水水，使齐白石心旷神怡，乐不可支。他终日带着干粮、饮水，到处作画，一心都扑在艺术上，不平凡地度过了旅居桂林的半年多的岁月。

离开桂林后，齐白石因故又去了广州、钦州。在钦州，齐白石替当时的"钦廉兵备道"郭葆生画画。这是一次纸笔精良的难得的锻炼，又加上郭家有高价收藏的名画，像八大山人、徐青藤的花鸟、金冬心的山水，都是往日轻易接触不到的珍宝。借着这个机会，齐白石临摹了很多古人作品，其中对他影响最深的就是八大山人。

1907年（光绪三十三年），齐白石第二次重游钦州，并去了肇庆。

肇庆的七星岩风景，远在晋代已经十分闻名了。这里的景致，以湖岩石洞取胜，素有"七岩、八洞、五湖、六岗"之称，兼"桂林之山，杭州之水"的胜境。重峦叠翠，形态各异，山川秀丽。七座石岩由东而西，排列成北斗星辰之状。唐宋以来，这里一直是游览胜地。

到了肇庆的第二天早上，白石便携了画具，逐个地游览了玉屏、石室、天柱、蟾蜍、仙掌、阿坡等处。黛峰银湖，交相辉映，真使他乐而不疲。胜境之处，便拿出画具，精心地勾勒起来。一天竟能画十几幅草稿。

大自然神奇、瑰丽的景物，使齐白石深深认识到"天然造化，人力难工"的道理，生活永远是创作的不竭源泉。后来，他写了一首诗，追怀这次的肇庆之行：

造化可夺理难说，
何处奔流到石室，
疑是银河通碧海，
鼎湖山顶看飞泉。

另外，齐白石还借着在肇庆逗留的机会，游历了以产砚石驰名古今的端溪。肇庆的7天之行，满载而归。

回到钦州后，齐白石见到处都有水灵灵的荔枝在

出售。他观察好了荔枝的色泽、形态、叶脉，画了许多幅构图新颖、色调明快、热烈，充满着生命活力的《荔枝图》，很快被抢购一空，遂轰动了钦州城。

随后，齐白石又到中越接壤的东兴，过铁桥到仑河南岸，看越南山水，把"半春人在画中居"的风景收入《借山图》。这样，几个月的时间便在流连山水、作画吟诗中度过了。

1908年（光绪三十四年）秋，齐白石应罗醒吾之约，来到了广州，这是他的第五次出游。在广州，人们很看重齐白石的刻印，来求刻印的人一个接着一个。这样，靠着一枝铁笔，他赢得了生活，赢得了珠江水上的轻波容与和粤秀峰头的行歌啸傲。

1909年（宣统元年）初夏，齐白石带着弟弟和儿子，取道香港坐海船到了上海，并游历了苏州、南京一带。到底艺术家的生活是不平凡的。在上海，喧嚣中保持宁静，以文会友，以画会友。到南京后，和著名书法家李梅庵会晤，相互交流技艺，又饱览了南京各处名胜。随后，又乘江轮西行。到江西小姑山时住了下来。登上山顶，饱赏山河胜迹美景，兴之所至，画一幅《小姑山图》。这样，一直到9月份才回到故乡。

回到故乡后，他把五次出游得来的山水画稿，重

名园第一 齐白石重于辛巳龙城三百

新画了一遍。按时间的先后顺序，编成了《借山图》。这概括了他人生旅程的一段难忘的经历，也代表了他艺术实践的最高结晶。

从1902年他40岁起，到1909年47岁止，8年间，齐白石五出五归，身行万里走遍了大半个中国，他不但游览了陕西、北京、江西、广西、广东、江苏等山水，而且远游中，祖国雄伟的山川、异乡新奇的事物，壮阔了他的襟怀、扩大了他的眼界。他游而不"玩"，接触到了各阶层的人，了解了各地的民情风俗，临摹了珍藏于朋友之处的历代许多绘画珍品，并把祖国的山山水水，古刹名胜，

草虫花卉，人情世态，一一收入于画卷之中，倾注了他对祖国、对故土的无限眷恋之情，留下了无数光耀万年的佳作。更值得称道的是，他在谢绝了"卖官鬻爵"的引诱，还击了来自达官贵人的冷落和嘲笑之后，始终孜孜不倦地忠于艺术，把自己的全部精力都集中在四桩大事上：作画、刻印、写字、吟诗。

从艺术的成就来看，这个时期他的花鸟画，已经远远走出了当时一般画家的窠臼。他积累了很多写生的经验，在谨严的结构中，运用恣肆而又沉着的笔法，生动表现了描绘对象的神态，达到了如同任伯年一样的成就。山水画也别开生面，用传统的技法写自己经历过的一丘一壑，因而构图着墨，时有佳趣。在写字方面，他临摹的"郑文公碑"也达到了神似的程度。刻印主要还是丁、黄一脉，从广州经上海回湘，陆续刊集了第三次印谱，还叫作"白石草衣金石刻画"。其中多是别人私名印。他自己的用印有白文"黄杨身世"、朱文"湘州寄隐""寄幻仙奴"三方。

相关链接
XIANGGUAN LIANJIE

齐白石惜时的故事

　　齐白石是我国著名的书画家，他非常勤勉、惜时。八十多岁时，仍然每天挥笔作画，一天至少要画5幅。他经常以"不教一日闲过"的警句来勉励自己。

　　一次，齐白石过90岁生日，许多朋友、学生前来祝贺。他一直忙到深夜，才把最后一批客人送走。这时他想，今天5幅画还没有完成呢，于是打算提笔作画。由于过度劳累，难以集中精力，在家人的一再劝阻下他才去休息。

　　第二天，齐白石很早就起来作画，家里人怕他累坏身体，都劝他休息。齐白石十分认真地说："昨天生日客人多，没有作画，今天可要补昨天的'闲过'呀！"

"衰年变法"

> 环境——我一手创造了环境。
>
> ——拿破仑

　　1919 年 3 月初，齐白石第三次来到了北京，并打算定居。

　　金元以后，北京一直是我国政治、经济、文化的中心，越到后来越繁盛，越引起人们对它的爱慕和留恋。在齐白石心目中，北京的美不仅在于它有名山胜水、有深宫大殿，而且还在于这里有雍容静穆的文化传统。艺术家需要这样的环境，而环境也确实给予了艺术家以从事创作的种种有利条件。齐白石为了提高自己的艺术水平，当然也极想得到这种文

化氛围的熏染。

从 1919 年起，"五四运动"在文化艺术上所产生的伟大作用，正像严冬过后的春雷一样，也惊动了蛰伏的艺术家，给齐白石以很大的影响。所谓影响，从社会的一方面来看，就是艺术爱好者对绘画的欣赏，形成一个共同的要求。这种要求生根在民族传统之中，深刻地反映着广大劳动人民的审美意识。在那个时代，如果从旧时代走过来的艺术家孤芳自赏、清高孤僻、脱离群众，很可能就是为群众所抛弃，作品也无人赏识。因此，由客观的社会要求到主动的自我努力，把人民大众的美好愿望成功地用艺术形象表达出来，不但应当看成齐白石"衰年变法"的一个过程，还应当看成是一个动力。这一点，毫无疑问，就是"五四运动"巨人们对齐白石的帮助、促进、成全的一个社会影响。

其次，仅仅代之有社会影响还不足以完全导致齐白石的大胆变法，变法必须以民族艺术的渊源为基础，必须以民间艺术的传统为基础，必须以画家本人几十

年的艺术修养为基础。另外，"衰年变法"还是与吴昌硕、陈师曾、王梦白这些可爱可敬的艺术家分不开的。

杜甫"转益多师是尔师"的著名诗句，是齐白石早就恪守而且一直身体力行的。早在1917年，他二次到京，就结交了陈师曾等许多享有盛誉的大画家，并从他们身上汲取了大量的营养。

陈师曾，名衡恪，号槐堂，江西人，是当时大画家吴昌硕的高足。他作画主张大写意，继承传统而又极力表现个性，布局落墨，常常突破常规，别开生面。曾以"画吾自画自合古，何必低首求同群"的诗句来激扬齐白石，并深深地影响了他的艺术思想。

当时，陈师曾知道齐白石正处于一个转折的关头。因为绘画艺术作为一种美，是有选择性、时代性的。这就希望画家不能陈陈相因，落于旧的窠臼，艺术的生命在于开拓。在全部、仔细地看过齐白石的作品之后。他认为齐白石要独特地形成自己的风格，就必须彻底地走一条属于自己的路。

在陈师曾的帮助下，齐白石也认识到一个杰出的画家，不但要敢于、善于突破前人的窠臼，还要突破自己几十年形成的框框。

除了陈师曾，老一辈的画家吴昌硕对齐白石的影响也很大。他们两人不曾会面，是通过作品的相互观摩而声应气和的。对吴昌硕的画，齐白石一幅幅地品味、观看，十分仔细。这是他几十年练就的一项基本功。每见到一件不可多得的艺术珍品时，就采取为人所不知的"背临"的手法，对每张画的构图、意境、起笔、用墨、设色，仔细地、反复地研究，然后一一记识在心，再把熟记的画幅，真实地、艺术地再现出来、留存起来。吴昌硕也曾精心地学习过雪广的技法，但却"雄健烂漫"自开了新路，这一点，给齐白石很深的启示。

正是这样，齐白石对自己的变革充满信心。那时，他已是57岁的老人了，在当时的画坛，名重一时。但他对自己提出了新的要求，在检讨了自己几十年的绘画之后，他把吴昌硕的画，统统挂了起来，一幅幅、一笔笔仔细玩味，然后采取"三临"的办法，画了想，想了画，一稿有

时画好几张。"涂黄抹绿再三看,岁岁寻常汗满颜。"随着画风一天天地改变,终于脱尽了朱耷简笔写意画的窠臼,鲜明地表现出了画坛上从未有过的红花墨叶派的气势。

齐白石曾经有一首诗:"扫除凡格总难能,十载关门始变更,老把精神苦抛掷,功夫深浅自己明。"这里说的"十载",应当从1920年算起,到1929年止。在齐白石整个艺术生活中,这十年是不平凡的十年,也是不平坦的十年。所以说不平凡,就在于他在艺术上独树一帜,自成一家;所以说不平坦,则在于这个"自成一家"并非随意得来,而是付出了异乎常人的精力,通过千百次思考、千百次实践、千百次总结,然后走向"自家门户"的。

"十载关门"的艺术实践,表现在勤修苦练上,以作品数量而论,他作画在1万幅以上,刻印在3000颗以上。用齐白石自己的话说,就是"握笔把刀,日不暇给"。当然,这种勤修苦练不是机械式地反复重演,而是一个不断革新不断超越的过程。为了"扫除凡格",也就是说,为了在艺术上的标新立异,他想得很多。一枝花、一片叶、一只鸟,他总能想到哪些是古人画的,如何画的,哪些是古人不曾画过的;是这样表现好、还是那样表现好,他都入情入理地去设想。

有时还在被窝里
或当空打底稿，
想得入神时，如
入无人之境，一
俟构思成熟、胸
有成竹之后，便
从容挥笔。往往
同一画稿画出许
多张，随时改正
在构思中还不妥
善的地方。

想了画，画
了想，是齐白石"衰年变法"的不二法门。在1923年
到1926年之间，以时间先后为序，花鸟在前，水族4
种（鱼、虾、蟹、蛙）在后，最终走出了旧的套路。
山水画也在原来的风格上，用自家法出之，"随意钩
写，删尽扫地抹灶之时习"。这时，每画一样东西，以
仔细观察客观事物为基础，以融化描写对象的整个生
命为基础，整个画面的经营位置，已经形成自己鲜明
的风格。这样在转变中精进不已，艺术家的构思更广
阔、更大胆、技法更从容、更有把握，他的富有个人
特色的独创性就愈突出、愈明显，也就自然而然地达

到了精练、清新、健康、明快的高水平了。

从齐白石又一门独创艺术——刻印来看，定居北京以后，也显现了一个改头换面的大转变，完全脱离了他所批判的"做摹蚀削"的旧法。这个时期，他刻出来的印章，刚健古拙、纵横快利。他十分讲究篆法，以许慎《说文解字》为本，又参取汉代官私印和汉魏碑碣文字，有时自己也做些理所当然的变更。印上横笔竖笔，从来不作死板对称，而是疏密相间、参差相适。一些最难配置的文字，只要入印，他都安排得恰到好处。这种独特的风格，首先要不为传统中的某些固定方法所拘束才能达到。

这个时期，齐白石的书法艺术也形成了一家之法。他综合了麓山寺碑、三公山碑、天发神谶碑和金农体、吴昌硕体诸家之长。篆书气魄雄伟，用笔如刀，行书笔势也极雄浑，取法古人但极有个性。这样，就和他的画、印十分调和地形成了艺术上的统一。

在取得了如此高的成就之后，齐白石完成了自己一生中最伟大的飞跃。他常常向学生批判200年来神圣不可侵犯的"四王"，推崇徐渭、石涛和吴昌硕的艺术成就，要求学生们发挥创造性。对于学他的人，他说："学我者生，似我者死。"告诉人们不要呆板死学。齐白石还引用吴昌硕的话说："小技人拾者则易，创造者则难。欲自立成家，至少辛苦半世，拾者至多半年可得皮毛也。"也是针对某些人一味摹仿全无创造而发的。

齐白石与陈师曾的友谊

1919 年，齐白石举家迁往北京，在那里卖画治印为生。此时他结识了一生之中也许是最重要的一位友人——陈师曾。两人相识之初，陈师曾即赠齐白石七凤一首："曩于刻印知齐君，今复见画如篆文。束纸丛蚕知行脚，脚底山川生乱云。齐君印工而画拙，皆有妙处难区分。但恐世人不识画，能似不能非所闻。正如论书喜姿媚，无怪退之讥右军。画吾自画自合法，何必低首求同群。"

齐白石读后，感慨万分，深知陈师曾是劝自己自创风格，不必求媚世俗。自此，齐白石常常出入于陈府的"槐堂书屋"，两人谈画论世，识见相同，由是交谊弥笃。齐白石曾取法宋代杨补之以工笔画梅，其作品很少有人问津，以致门庭冷落，生意惨淡。陈师曾听说后，遂建议他另辟蹊径，自出新意。齐白石虚心地采纳了陈师曾的意见，经过不断地探索，刻苦实践，终于自创了

"红花墨叶"一派。当时在北京的林琴南，看到齐白石以新的技法画出的梅花后，不由得大为赞赏，称"南吴北齐，可以媲美"。吴者，即吴昌硕。

1923年，陈师曾由大连往南京奔继母丧，不幸染病去世。齐白石听此噩耗后，不禁痛哭失声，动情地说："可惜他只活了48岁，这是多么痛心的事啊！"陈师曾生前，齐白石曾有诗相赠，如："无功禄俸耻诸子，公子生涯画里花。人品不渐高出画，一灯瘦影卧京华。"又如："君我两个人，结交重相畏。胸中俱能事，不以皮毛贵。牛鬼与蛇神，常从腕底会。君无我不进，我无君则退。我言君自知，九原毋相昧。"由此可见，第一首诗体现了齐白石对陈师曾人品的高度评价，第二首诗则描述了二人之间淳朴而深厚的友情。

这两人的关系后来被人概括为"没有陈师曾就没有齐白石，没有齐白石也就没有陈师曾"。陈师曾在当时绘画界新思潮汹涌澎湃时仍坚定地拥护传统，曾著《文人画的价值》一书，此文极有意义。然而也就是这位貌似古板的陈夫子对白石翁进行多次鼓励和指引，在这种精神支持下，齐白石毅然以十年工夫进行衰年变法，从此他的大写意花鸟方始元气淋漓，呈现出为世人所熟知的面貌。

徐悲鸿三请齐白石

1929 年 9 月，艺术大师徐悲鸿受聘担任北平艺术学院院长。他上任后不久，就亲自去拜访齐白石，聘请他来校担任教授。

12 月一天的上午，徐悲鸿走进北京西单跨东胡同齐白石那简陋的画室里。两人一见如故，大有相见恨晚之感。当徐悲鸿提出聘请齐白石担任北平艺术学院的教授时，齐白石默默看了一会儿徐悲鸿，婉言谢绝了。

几天后，徐悲鸿重又敲开齐白石的家门，但又

遭谢绝。对此，徐悲鸿不气馁，不灰心。他深知"精诚所至，金石为开"的道理……最后，齐白石终于被说服，担任了北平艺术学院的教授，同时也道出心里话："我不仅没进学堂读过书，而且连小学生也没教过，怎么能教大学生呢?"徐悲鸿说："你只在课堂上给学生作画示范就行了。"

徐悲鸿标价《虾趣》

虽然齐白石的画像徐悲鸿所赞赏的那样："妙造自然，浑然天成。"但是在当时的美术界，有些人却极力歧视与贬低木匠出身的齐白石。一次画展，齐白石的作品受到冷落，被挤到一个不被人注意的角落里。当徐悲鸿在展厅内看到齐白石的作品《虾趣》时，心中暗喜道："真是一幅妙趣横生的佳作啊!"他立即找来展厅的负责人，把《虾趣》放在展厅中央，与他的作品并列在一起，并将《虾趣》的标价8元改为80元，而自己的那幅《奔马》标价为70元；他还在《虾趣》下面注明"徐悲鸿标价"字样。此事引起轰动，齐白石也由此名扬京城。

百世流芳

大器晚成，大音希声，大象无形，道
隐无名。

——老聃

"衰年变法"之后，齐白石的艺术境界达到了他一
生中的最高巅峰。这位一生孜孜追求艺术的老人，在
皓首白发之年，终于声名高著、誉满中外。

在20世纪的20年代到40年代，人们谈到中国艺
术的代表人物，总爱说"南吴北齐"这几个字，它极
其精练而又准确地概括了中国艺术史上的一个时代。

"南吴"指的是吴昌硕，"北齐"就是说齐白石。
作为画坛的领袖人物，二者是当之无愧的。

吴昌硕是一个多才的艺术家，写字、刻印、绘画
都自成一家，独具神韵。他从事绘画较晚，是走"文
人画"的路子而加以创造的，所作花卉，最得"六法"
中"经营位置"和"骨法用法"之妙，形成一种雄健
沉酣的风格，其艺术水平达到了继赵㧑叔、吴让之后
的又一高峰。齐白石从吴昌硕那里受益很大，在"衰

年变法"中有许多地方都苦苦向他学习。但是，齐白石一旦独创门户之后，所取得的艺术成就便大大超过了吴昌硕。

　　齐白石自幼出身贫寒，由木工成为画匠，又由画匠成为画家，比起吴昌硕来，他生活的路要曲折得多，而艺术的路却宽广得多。他画过花样，画过像，临摹过古人的作品，也画过"文人画"，写过生。在民族的艺术传统上，他接受了可以上溯到宋、元一直到清末民初很多画家的影响。在民间艺术传统上，他也不辞卑微地学习了很多人的哪怕是一点一滴的成就，用来充实自己，提高自己。他在很大程度上总结并继承了民族、民间艺术的表现手法，而又大胆打破了古人的和自己的陈规陋习，进一步植根于生活，通过对客观物象的仔细观察，画到老、学到老、创新到老。正因为他淡泊、虚心、谦逊，才一步步提高了自己，才不致落入一味仿古的窘境。

齐白石是全能画家，人物、山水、花鸟都有所擅长。其中，最成功最生动也最博得人们喜爱的是他的花鸟草虫和水族4种。齐白石大大拓宽了花鸟画的取材范围，不论是名花珍草，还是山花野草，他都收罗于笔底。就连别人从来不画或很少画的乌薄子、剪刀草等他也赋以极美的生动的艺术形象，而且以神奇莫测的构思，运用各种各样的表现形式，使同一题材具有多种变化。水族4种，他不但画什么像什么，而且把它们的精神和神韵恰到好处地画出来。其中最有代表性的是齐白石画的虾。他对虾的描绘，不论是工笔或写意，都具有高度的真实感，栩栩如生，仿佛一触即动。对此，著名画家叶浅予曾有过十分精到的论述。"成如容易却艰辛"，齐白石能把虾画活，是下了数十年死工夫的。他从小就特别喜爱这些小生物，不知在池塘、水田里观察过多少次。40岁后，齐白石又见到了明清画家徐清藤、李复堂、郑板桥等画

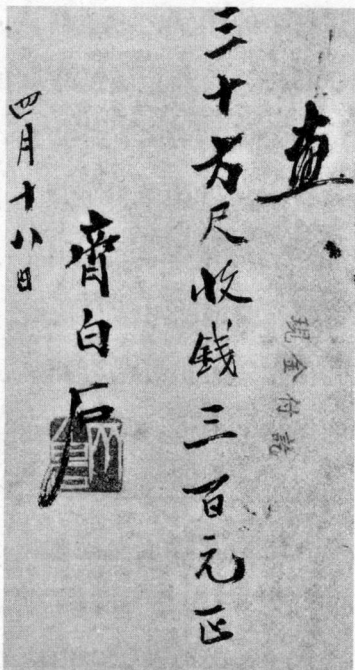

虾高手的作品，不知临摹了多少遍。60岁前后，他画虾的技艺已经达到了很高的水平，但他还嫌不够，特意让家人买来些真虾，放在画桌上的水碗里蓄养。一有时间，就用笔杆触动它们，使虾做出腾跳、进退、沉浮、搏斗等各种动作，加以反复观察，对照写生。这样，对虾的习性、特点、动态等有了更深刻的理解，就使他笔下的虾一变再变，不断升华。他在一幅画虾的作品上题道："余之画虾已经数变，初只略似，一变毕真，再变色分浅色，此之三变也。"总之，不管画什么，齐白石都成功地画出了物象的生命，把艺术造型的"形""质""动"三个要素充分地表现出来，并且这样丰富的内容，所用笔墨却极其简练。

齐白石曾说过这样一句话：胸中山水奇天下，删去临摹手一双。的确，他的山水画也取得了前无古人的巨大成就。早年画山水，皴、染、勾、勒，都是从临摹中下功夫的。后来五次远游，他又具体实践了石涛"搜尽奇峰打草稿"的主张。本来40岁以前，他就接受了规矩"四王"的训练，娴熟了山水画的基本技法。40岁以后，从石涛、罗两峰、金冬心的真迹学到了新的东西，又得到了亲身经历的名山大川的启示，壮阔了胸襟，提高了艺术境界。齐白石灵活地运用或突破传统技法，他的山水画在边实践边创造中形成了

自己的风格，那就是严整的规律中极富独创性。1951年，他为老舍画了一幅题为"蛙声十里出山泉"的山水，以成群的蝌蚪顺着汩汩下泻的山泉游出，让欣赏者从想象来领悟蛙声。画时虽只两峰夹一水，却费了好长时间的思索。

由于经历着长期的创作生活，齐白石积累了丰富的创造经验。关于创作的态度和主张，也提出了不少精辟的见解。他反对陈陈相因，反对生吞活剥的抄袭，反对不从具体对象的真实和生动出发的公式化作品。

正如作画一样，他的刻印也经历了长期的学习、摸索与创造，最后才自成一家，形成了自己的以雄伟刚健为特征的开宗立派。

齐白石不仅仅是绘画和治印卓然，他还是书法家和诗人。他的书法和绘画都相得益彰。王朝闻说得很有见地："他的枯荷的长柄、虾的须，其用笔确实可以当成有力的活泼的写字的用笔来欣赏，没有软弱、板滞、浮滑等等缺点。它们的起伏顿挫，完全符合书法要求。"事实上，齐白石不仅善于以书入画，还善于以画入书。在画中，可以看出他运用书法艺术笔法和笔势的特长，安详而恰如其分；在书法中，也可以看出他在结体和分行布白上，把绘画艺术对照的规律成功地用进去。这固然是由于中国书画的工具相同，由于中国文字的特殊结构和绘画有同宗共祖的关系，主要的还在于他下过苦功，掌握了书画的共同规律，但又不把书画混为一谈，能用就用，不能用则决不牵强。用，就在于加强表现力，加强艺术效果，是不能当做笔墨游戏来看待的。

另外，齐白石的诗歌也是极具独创性的。他的诗，没有无聊的吟风弄月，没有强作风雅的无病呻吟。他的思想感情融会着人民群众的思想感情。在形式上，他的诗不拘格律，不泥古法，始终是与时代的脉搏相通的。

齐白石是一位诗、书、画、印俱佳的艺术家。他手握自己的笔，通过辛勤地劳作美化了一个时代，极

大地丰富了人民的精神生活。作为人民的艺术家，他把自己的一切都献给了他一直所钟爱的祖国和人民。

齐白石生前已获应得的荣誉，晚年躬逢新世，其创作亦进入一个新的高峰，他以独特的艺术语言，赢得了世界的赞誉。

1952年在"亚洲及太平洋区域和平大会"期间，老人用了整整3天的工夫，用丈二匹画成《百花与和平鸽》，赢得了中外与会人士的赞誉。同年被推选为中国文学艺术界联合会主席团委员。他的画册由荣宝斋水印木刻出版，这是新中国第一次出版的白石专集。

1953年，他担任北京中国画研究会主席。文化部授予他"人民艺术家"荣誉奖状，是年，老人作画600余幅。

1954年初，老人特为东北博物馆作《折枝花卉卷》，并于该馆举办齐白石画展。

1955年，他与陈半丁、何香凝等合作《和平鸽》献给在芬兰召开的世界和平大会，德意志民主共和国授予他"德国艺术院通讯院士"称号。

1956年，在斯德哥尔摩召开的世界和平理事会上，国际和平奖金评议会把1955年度国际和平奖金授予齐白石（500万法郎）。9月1日，中国人民保卫世界和平委员会、中国人民对外文化协会和中国美术家协会联合为白石老人举行了授奖仪式，周恩来总理出席，向他表示祝贺。国际和平奖金评议委员会在颂词中说：

把国际和平奖金授予齐白石先生的决定不仅是根据这位画家在艺术领域中获得的高度成就，更重要的是由于他毕生颂扬的美丽和平的境界，以及人类追求美好生活的善良愿望，在全世界得到了共鸣。……画家在作品中表达中国人民喜爱和平生活的优美感情，因之他的作品不仅为自己国土的人民所欣赏，也为世界各国人民所称道。他的作品有助于各国人民对中国人民的了解，亦有助于各国人民之间和平友谊的增进。

齐白石请郁风女士代他读答词，答词中说：

世界和平理事会把国际和平奖金获得者的

名义加在齐白石这名字上，这是我一生至高无上的光荣。我认为这也是中国人民的无上光荣。我以96岁的高年，能藉这个机会对国家社会，对文艺界有些小贡献以获得这样荣誉，这是我永远不能忘的一件事。正因为爱我的家乡，爱我的祖国美丽富饶的山河土地，爱大地上的一切活生生的生命，因而花费了我的毕生精力，把一个普通中国人的感情画在书里，写在诗里。直到近几年，我体会到，原来我所追求的就是和平。

1957年，担任北京中国画院名誉院长，这年9月15日，这位经历了近一个世纪的艺术大师，溘然病逝，终年94岁（如按老人自署，当为97岁）。

遵老人遗嘱，只有他常用的两方名印和一支使用了二十余年的红漆手杖入殓。郭沫若任治丧委员会主任，委员有周恩来、老舍、周扬、李济深、黎锦熙等25人。9月21日，各界人士络绎不绝前来祭奠。中国美术家协会的挽联是：

抱松乔习性，守金石行操，峥嵘九十春秋，不愧劳动人民本色；

抒稻黍风情，写虫鱼生趣，灼烁新群时代，平添和平事业光辉。

9月22日，在嘉兴寺举行公祭，郭沫若主祭，周恩来等领导人、各国使节的代表和各界人士参加公祭。而后移灵魏公村湖南公墓，墓前立了一块花岗石墓碑，上面刻着"湘潭齐白石墓"6个大字，旁边是他的继室胡宝珠的墓。

1963年，世界和平理事会推举齐白石为世界十大文化名人之一。白石老人一生的高尚品质和艺术成就光辉灿烂，他的名字永远地留在了共和国的史册上，供后人怀念、瞻仰。

他曾在《齐白石作品选集》自序中写道：

予少贫为牧童及木工，一饱无时而酷好文艺，为之八十余年，今将百岁矣。作画凡数千幅，诗数千首，治印亦千余。国内外竟言齐白石画，予不知其究何所取也。印与诗则知之者稍希。予不知知之者之为真知否，不知者之有可知者否，将以问之天下后世然。

"后世""天下"早已作出回答，他的学生及众多
再传弟子，得其"学我者生，似我者死"之真传者大
有人在，有的已成为一代宗师。

在西方的现代派的大师们，亦企足东望，并声称
现代派绘画的源头在中国。他们认为齐白石可以把不
同季节的花木纳于同一幅画中，画鱼完全省略了水，
蝌蚪竟戏聚于荷花之影
像⋯⋯这不就是抽象
派、表现主义嘛！

真正的艺术家所占
据的空间，没有界限；
拥有的时间，永远向未
来延伸⋯⋯

相关链接
XIANGGUAN LIANJIE

"感谢您为我作画"

建国伊始，齐白始用心制作了两方印章送给毛泽东主席。不久，毛主席在中南海设宴，请著名文学家郭沫若作陪，答谢齐白石。

三人饮过一杯酒，毛泽东又端起酒杯，向齐白石说道："刚才请白老喝酒，是感谢您为我制印；这一杯，是感谢您为我作画。"听到主席这么说，齐白石一怔，不知自己何时给主席作过画。

说着，毛泽东让秘书把画取来，展开挂到了墙上。齐白石一看，原来是一幅全绫装裱的立轴，上面画着一棵郁郁葱葱的李子树，树上落着一群毛茸茸的小鸟，树下停着一头憨厚的老牛，老牛正侧着脑袋望着小鸟出神。

齐白石见画后，不由得惊诧异常，原来这幅画是他练笔时的"废品"，他没留神，在给毛泽东送印时用作包装纸了，没想到主席竟然把这幅废画给装裱了。他要拿回去给主席重新画一幅，毛主席却说大可不必，这幅画就不错。

齐白石急了，站起身想要自己把画摘下来，却被郭沫若拦住，说，这幅画应该是齐白石送给他的，因为画上标着他的名字。齐白石不解。

郭沫若笑着说，这树上画了五只鸟，树上五鸟，这不正是他的名字吗？原来，郭沫若名开贞，字尚武，"尚武"谐音"上五"，故有此说。

且慢！毛主席挥挥手，说道，如果这么说，画上也标有本人的名字嘛！请问，白老画的是什么树？李子树。李子树画得茂盛吗？茂盛。这不就是敝人之名吗？当年八路军撤离延安时，毛泽东曾对人说，离开者得胜也。于是取名李得胜。

听到主席和郭沫若这么说，齐白石乐了，诚恳地说道："如此说来，拙画还有点意思，那么，劳驾二位在卷首上赏赐几个字，如何？"

毛泽东提笔先来"丹青意造本无法"，这是借用苏东坡的句子"我书意造本无法"。郭沫若接着题道"画圣胸中常有诗"，套的是陆游诗句"此老胸中常有诗"。上下句成为对仗工整的一联。最终，这幅画还是被齐白石带回了家。此后，下落不明。

白石虾

大名鼎鼎的齐白石早已是家喻户晓了，但一提起他，我们总会不约而同地想到他画的活灵活现的虾。灵动而呈半透明质感的虾在水中嬉戏，或急或缓，时聚时散，疏密有致，浓淡相宜，情态各异，着实惹人喜爱。然而白石老人取得这样前无古人的成就却是来之不易，据说他画虾先后竟历经八十六年，真是千锤百炼才打造了"白石虾"。

齐白石老家有个星斗塘，塘中多草虾，幼年的白石常在塘边玩耍，从此与虾结缘。儿时欢乐的情景也成了他每每题画的素材，如"儿时乐事老堪夸……何若阿芝絮钓虾"。

白石画虾开始学八大山人、郑板桥等人，因时代关系那些古人画虾并不成熟，所以白石的虾只是处于略似的阶段。

为了画好虾，他在案头的水盂里养了长臂青虾，这样就可以经常观察虾的形态并写生，能更好地了解虾的结构和动态。这时他的虾画得很像，依样画葫芦，但墨色缺少变化，眼睛也像真虾一

様画成小黑点，只是像归像，却没有虾的动感和半透明的质感，刻画不出虾的神，仅仅逼真罢了。

再以后，他在观察虾的过程中，将虾的进退，游的急缓，甚至斗殴、跳跃等等情态统统收于笔端，更于笔墨变化上增加变化，使虾体有了透明感。他在画虾的头胸部时先用小勺舀清水滴在蘸了淡墨的笔腹上，使之有了硬壳般的感觉。通过观察，强调腹部第三节的拱起，很好地表现了虾体的曲直、弹跳的姿势，因虾的跳跃全靠腹部，这样虾就画得更生动了。他又将虾钳的前端一节画粗，笔力得以体现。最令人叫绝的是他在虾的头胸部的淡墨未干之际加上一笔浓墨，立刻增加了透明感，也使中国画的笔墨味道更浓了。虾的眼睛也由原来的小黑点儿变成横点儿，这是为了更好地表现虾的神情而加以夸张的。但是运用得恰如其分，大家见了并不以为怪。

深谙艺术规律的白石老人将躯体透明的白虾和长臂青虾结合起来，创造了"白石虾"，其实这种水墨虾在自然界并不存在，但是在符合虾的共性的前提下，白石老人鬼斧神工地将他的"妙在似与不似之间"的理念演绎得巧妙至极。

七十岁以后白石老人画虾已基本定型，但仍在不停地改进，使其趋于完美，八十岁以后他的虾画得已是炉火纯青。活灵活现的虾配上芦苇、水草、慈姑、奇石、翠鸟等等，更以刚劲古拙的书法题上自作的诗句，加上充满力感的印章，成就了千百幅给我们高雅艺术享受的珍贵作品，极大地激发了我们对于生活的热爱。画虾仅仅是白石老人的雕虫小技，而在他的艺术宝库中则有千百幅艺术珍品静待我们去观赏学习。